LÍDERES MODELOS

La misión de Editorial Vida es ser la compañía líder en satisfacer las necesidades de las personas con recursos cuyo contenido glorifique al Señor Jesucristo y promueva principios bíblicos.

LÍDERES MODELOS
Edición en español publicada por
Editorial Vida -2011
Miami, Florida

© 2011 por Gabriel Salcedo

Edición: *Patricia Marroquín*
Diseño de interior: *CREATOR studio.net*
Diseño de cubierta: *CREATOR studio.net*

ISBN: 978-0-8297-5983-9

CATEGORÍA: Ministerio juvenil / Liderazgo

Impreso en los Estados Unidos de América
Printed in the United States of America

11 12 13 14 15 ♦ 6 5 4 3 2 1

Contenido

Prólogo

¿Por qué un libro sobre mentoreo?

Una de mis grandes pasiones es la lectura de mitología griega. Por años me he dedicado a aprender, disfrutar y enseñar la literatura griega de los grandes héroes como Ulises, Aquiles, Héctor, como también sobre los dioses que ayudaban o no, a los valientes hombres de aquellas épocas.

La palabra Mentor tiene origen en un personaje de la Odisea. En este poema magistral de Homero se relata el regreso de Ulises a sus tierras para reencontrarse con su amada (y bella) esposa y con su hijo Telémaco a quien no vio crecer. Es exactamente aquí donde hace su aparición un personaje que se llama Mentor. Era una anciano sin mucha importancia en el relato y realmente inútil. Sin embargo, Atenea, diosa preferida de Zeus y con una capacidad de acompañamiento hacia los seres humanos increíble, decide personificar a este anciano (es decir, tomar la forma de Mentor) y guiar a Telémaco en la búsqueda de su padre Ulises.

No sé si la comparación es válida o no, pero Atenea es quien acompaña, cuida y aconseja a Telémaco para que llegue al reencuentro con su padre, como un compañero en el camino que puede orientarnos y guiarnos al reencuentro con Dios mismo. Atenea se pone en la piel de Mentor, y le da origen a un concepto revolucionario: el mentoreo.

El mentoreo es una de las funciones más abandonadas de la actualidad cristiana. Sin embargo, continuamente observamos en la pastoral juvenil, la necesidad de repensar este rol y desarrollarlo con mayores herramientas.

En el ministerio juvenil podemos ver que cada día los adolescentes y jóvenes buscan a alguna persona que pueda guiarlos, orientarlos y aconsejarlos en diferentes temáticas. El mentor juvenil tiene hoy un gran desafío en su labor pastoral. Hoy más que nunca, necesitamos de personas que encarnen una propuesta seria de acompañamiento del joven y los lleven por el camino donde se encuentra el Padre.

Cada vez más, el estilo de la sociedad posmoderna nos empuja o alienta a ser personas aisladas emocional, afectiva y espiritualmente. Pocas son la personas que están interesadas realmente por lo que le pasa al otro. Nos hemos abandonado unos a otros y esto ha producido una epidemia de solitarios. Sin embargo, no todo está perdido.

Los líderes juveniles están comenzando a ver la importancia de acompañar a sus jóvenes, escucharlos, aceptarlos empáticamente y caminar con ellos en el camino de la vida. Para estos líderes está escrito este libro. Para aquellos que han decidido abandonar la comodidad y firmes, se han propuesto no repetir la historia de abandono sistemático que han vivido ellos mismos y como decía un gran sacerdote, ellos son sanadores heridos, personas que siendo conscientes de su dolor y de sus heridas, acompañan al otro en su dolor y sanidad.

Gabriel Salcedo (GAD)

1

MODELOS:
¿POR QUÉ SON IMPORTANTES?

Una de las preguntas iniciales que debemos respondernos a la hora de mentorear jóvenes y adolescentes es ¿por qué son importantes los modelos en el desarrollo de nuestra identidad? Me gustaría decirte que cada uno de nosotros somos una reproducción de lo que nos han transmitido en nuestra niñez y adolescencia. La influencia de nuestros amigos, padres y maestros, ha sido importante para conformarnos como personas.

El poder del ejemplo

Ahora bien, en la Biblia hay ejemplos en donde podemos observar que el poder del modelo en la vida de los demás es importante para Jesús. Pedro nos dice en su primera carta: "Para esto fueron llamados, porque Cristo sufrió por ustedes, dándoles ejemplo para que sigan sus pasos"[1]. Todos recordamos a Pedro y sus conductas. En él podemos encontrar el ejemplo de un discípulo del siglo I. Según los antiguos escritos judíos, como la *Midrash,* el discípulo fiel era una persona que intencionalmente quería ser como su maestro o rabí. Aquí, Pedro, nos enseña algo que podemos evidenciar en nosotros y en nuestros jóvenes: observamos a los demás y seguimos sus pasos.

Por un momento recuerda a una de tus jóvenes y observa a su mamá. Verás que consciente o inconscientemente la hija copia acciones, actitudes y formas de comportamiento parecidas a la de su madre. Todos tenemos evidencias de ser imitadores de alguien. Recuerdo a mi hijo Iván cuando entraba a su adolescencia y venía del colegio con nuevos hábitos. Un día vino soplando sus manos como si tuviera polvo en ellas. Todo el tiempo lo repetía y nos parecía muy gracioso, sin embargo, cuando invitó a algunos de sus amigos

---

1- 1ª Pedro 2:21

a casa, pudimos ver que algunos lo hacían también. Para cortar con esa costumbre copiada, lo llevamos a la fonoaudióloga y le dijimos que Iván se soplaba las manos. Avergonzado, pues no pensó que haríamos eso, no volvió a repetir la acción.

Iván, como cada uno de nosotros, imita por observación. Un artículo educativo sobre este tema indica que, tanto los animales como los humanos, suelen reproducir las conductas y comportamientos de sus pares, incluso, errores. Esta observación llevó a un grupo de investigadores de las universidades de *St Andrews, California, Stanford, Estocolmo y Bolonia*, a preguntarse por qué los seres humanos también copiamos actitudes ajenas. Para contestar sus dudas, los científicos organizaron un torneo donde los competidores (también científicos de distintas partes del mundo) debían ofrecer estrategias de aprendizaje donde se especificara cómo usar el aprendizaje social. Participaron 104 equipos y los ganadores fueron dos hombres que desarrollaron su estrategia imitando a otros, incluso, los errores. La respuesta, publicada en *Science*, fue concluyente: la imitación es mucho más eficiente que la innovación en muchas circunstancias, sobre todo para adquirir comportamientos adaptativos y para favorecer la creatividad.

12

Claro que no basta con la imitación. Los beneficios que esta puede dar dependen de cómo regulamos la utilización de las conductas que copiamos. Así, si una técnica falla, la desechamos y buscamos alguna nueva manera de enfrentar el contexto, desarrollando la creatividad[2]. Jesús nos ha dado ejemplo, para que sigamos sus pasos, como también para que guiemos a otros. Esto nos desafía a repensar nuestro rol como mentores y evaluar si nuestros pasos están siendo guiados por Jesús o por nuestro impulso.

2 - Publicado en la sección de Educación de la www.latercera.com

Una aclaración importante: muchas veces has escuchado sobre "dar testimonio" y eso me suena a una "fe de bolsillo", es decir, muestro lo que creo y sostengo cuando me conviene o cuando se me aparece alguna persona no creyente. Eso me suena a falsedad también. Cuando meditamos en el principio aquí presentado, debemos pensar más en una vida testimonial que en un testimonio. No nos confundamos, nuestra vida testimonial habla, ya que somos como cartas escritas que todos pueden leer (2 Corintios 3:2-3).

DEBEMOS PENSAR MÁS EN UNA VIDA TESTIMONIAL QUE EN UN TESTIMONIO

Influenciamos a otros

No tan solo observamos a los demás y otros nos observan a nosotros, sino que también influenciamos a nuestros adolescentes y jóvenes. Pablo alienta a Tito, un joven pastor (evidentemente involucrado en la pastoral juvenil) a través de estas palabras...

A los jóvenes, exhórtalos a ser sensatos. Con tus buenas obras, dales tú mismo ejemplo en todo. Cuando enseñes, hazlo con integridad y seriedad[3]

Creo que es esencial desglosar algunas de las frases de Pablo:

A los jóvenes, exhórtalos a ser sensatos...

Si alguien nos dice que va a exhortar a alguien viene a nuestra mente la imagen de una hoguera o de una horca, en el mejor de los casos. Hemos vaciado esta palabra de su contenido o, mejor dicho, le hemos dado una significación negativa. Sin embargo, le palabra exhortar tiene un prefijo *ex* que significa hacia

---

fuera. Esta palabra significaba *sacar hacia fuera el problema y enfrentarlo*. No atacamos a la persona sino a la dificultad. Ahora bien, imagina que tus jóvenes y adolescentes tienen problemas de malos hábitos o conductas peligrosas, la esencia de esta palabra nos dice que miremos lo que hace mal a la persona. Que trabajemos junto al joven para que aquello no destruya su integridad.

Con tus buenas obras, dales tú mismo ejemplo en todo...

Esta frase de Pablo nos limpia de toda dicotomía o esquizofrenia espiritual. Aquí nos dice que la herramienta, por excelencia, para dar ejemplo son las buenas obras. Sin embargo, por siglos, hemos utilizado el discurso hablado como forma de transmitir lo que enseña Jesús. Pablo no dice eso, aunque no desvaloriza la proclamación de los principios de Dios, nos dice que para dar ejemplo hay que realizar buenas obras. Todos sabemos que teológicamente aceptamos que nuestra reconciliación con Dios es por su gracia, que es un don gratuito. Sin embargo, la evidencia de haber recibido esta gracia es vivir una vida llena de obras que muestren mi respuesta a ese amor inmerecido.

Por otro lado, Pablo nos dice que el ejemplo debe ser dado de forma íntegra. Es decir, en cada lugar donde estoy y con todas las personas que me encuentre. Esto nos lleva a pensar sobre nuestra vida pública y privada. En la época del reinado de Victoria I en Inglaterra, un escritor trató de ilustrar lo que sucedía con la vida de algunas personas y escribió *El misterioso caso del Dr. Jekyll y Mr. Hyde* donde se presenta a un mismo sujeto que en su vida pública era ejemplar y admirado por todos, pero durante las noches se convertía en un monstruo que acechaba a jóvenes inocentes y realizaba los actos más perversos. Pablo nos invita a convertirnos en una sola persona y dar el mismo ejemplo en todos lados, en todo tiempo y con todas las personas. Por eso cierra este pasaje de la Biblia diciéndonos que cuando enseñemos, es decir, cuando transmitamos principios y valores a los jóvenes y adolescentes, lo hagamos con integridad y como algo que realmente es importante para su identidad (por eso utiliza la palabra *seriedad*).

Las relaciones son formadoras

Las relaciones que establecemos con otros son formadoras de nuestro carácter y estructura como seres humanos.

Un estudio sobre la influencia de los padres sobre los hijos en hábitos adictivos dice que *el papel que desempeña la familia en la prevención de conductas adictivas en los jóvenes es incuestionable. Durante la infancia y la adolescencia se desarrolla gran parte de la identidad personal y en muchos casos los chicos y chicas tratan de imitar las costumbres e incluso la apariencia de sus padres en un intento por parecer adultos. En este sentido, un estudio publicado en la revista científica 'Addiction' demuestra la importancia de que los padres dejen de fumar antes de que sus hijos lleguen a los diez años con el fin de que no caigan en este hábito perjudicial*[4].

Pero no tan solo la relación con nuestros padres nos forma, aunque es la más importante, sino también las relaciones con nuestros amigos, compañeros y familiares como tíos, primos o hermanos. Pablo sabía de la influencia poderosa de las relaciones y por eso le transmite a Timoteo, un joven pastor, que recuerde la influencia positiva de parte de su familia:

15

---

4 - www.dmedicina.com

Traigo a la memoria tu fe sincera, la cual animó primero a tu abuela Loida y a tu madre Eunice, y ahora te anima a ti. De eso estoy convencido.[5]

Me gusta llamar a este pasaje "el cuadro familiar". Me imagino (solo me imagino, esto no es históricamente probable), que Pablo ingresa a la sala de la casa de Timoteo y comienza a ver las fotos familiares. Aquellas fotos en Disney World, las fotos tomadas durante su graduación y, finalmente, la gran foto familiar. Allí están todos los familiares. Desde su mamá, su papá, su abuela y el resto de la familia. Es interesante ver dos cosas en este fragmento de Pablo: sus recuerdos y su omisión.

En primer lugar, recuerda a la fe sincera de su abuela y de su madre. Recordemos que tener una fe sincera significaba mucho para este tiempo. La palabra sincera proviene de los tiempos antiguos. En Roma, los artistas estaban dedicados a crear hermosas esculturas, muchas de las cuales hallamos aún hoy en los museos y en las colecciones privadas. La historia nos dice que cuando una de esas caras esculturas hechas de mármol se quebraba, se reemplazaba la parte quebrada con cera, cera pintada, para que tuviera exactamente el mismo aspecto que el mármol que sustituía. Muchas esculturas reparadas con cera se vendían, la mayoría de las veces sin indicar que se había hecho ese reemplazo.

En latín, las palabras usadas eran sine, que significa "sim" y "cerum". De la unión de estas palabras latinas se deriva la palabra sincero/a. En la historia hubo tiempo en que esta práctica se hizo tan corriente que cuando los compradores querían comprar estatuas costosas, pedían primero que les dieran una "sincera"; una que no tuviera cera[6].

5- 2Timoteo 1:5 / 6- http://etimologias.dechile.net/?sincera

Observemos que esta fe "sincera" tuvo una acción vital en la vida de su madre y abuela. Dice el texto que las animó, esto significa que llenó de vida sus días y que vivían una fe que disfrutaban. Esta misma fe gozaba Timoteo.

Sin embargo, en segundo lugar aparece una fuerte omisión de Pablo. Me imagino al apóstol mirando la foto y omitiendo al padre de Timoteo. Históricamente sabemos que este joven tenía padre, pero parece que su fe no era sincera, sino que estaba resquebrajada. La fe del padre de Timoteo era una fe dividida. Según algunos especialistas se afirma que sería griego y sostenía religiones politeístas, que alentaban a la dualidad entre el alma y el cuerpo[7]. Lo que significaba que debía cultivar su alma y con su cuerpo podía realizar cualquier acción sin una ética que mediara o estableciera límites.

Esto representa algo muy fuerte para Timoteo. Por un lado una fe sincera y un ejemplo sano por parte de su madre y su abuela; por otro, una fe dual y un ejemplo omitido por Pablo. Timoteo era un joven que se enfrentaba a la realidad que muchos jóvenes y adolescentes viven hoy. Dos ejemplos diferentes en la misma casa y tratando de convivir.

Nuestros modelos

Ahora pensemos en nuestra historia y en aquellas personas que han marcado nuestra vida. Quizás nuestros padres, hermanos, amigos, primos o personas que han sido importantes en nuestra formación.

¿Es tan importante esto de ser ejemplos? ¿Puedo ser un modelo positivo o negativo en la vida de mis adolescentes y jóvenes?

---

7 - Ver Teoría de la ética de la Felicidad en la filosofía griega.

Hace unos años observé un video que me dejó una huella. Su nombre era *Children see* y mostraba el poder de la influencia en los demás. En ese video se podía ver como los adultos con malos hábitos eran imitados por los niños. Busqué en un blog un comentario sobre el video y el impacto que provocó. Te invito a leerlo:

*Este vídeo se titula **"Children see, children do"** (los niños ven, los niños hacen), pertenece a una campaña del 2006 de NAPCAN, Asociación australiana para la prevención del abuso y maltrato infantil, y es **una radiografía cruda pero realista** del papel del ejemplo en la vida y especialmente en la crianza de los hijos.*

*El ejemplo como transmisor de valores y comportamientos **es tremendamente poderoso, tanto para lo positivo como para lo negativo.***

18

*El anuncio muestra el lado oscuro de nuestra sociedad: malos hábitos, mala educación, falta de civismo, impaciencia, falta de compasión y entrega por nuestros bebés, falta de respeto por los demás, racismo, histeria y violencia. Y nos recuerda que **todo eso se reproduce por imitación** de la siguiente generación.*

*El mensaje final del vídeo: **"MAKE YOUR INFLUENCE POSITIVE"** (Haz que tu influencia sea positiva) es la clave de la metamorfosis. No son castigos y aumentar la negatividad, sino **un ejemplo ético y amoroso**.*

*Por tanto, "Children see, children do" invita a reflexionar sobre el origen y el fin de la violencia y que un mundo mejor no necesita avatares, sino que **cada uno traiga el Cielo a la Tierra en su propia casa**[8].*

8- Ver sitio oficial: NAPCAN

Aunque nos parezca increíble esto es una verdad profunda. Tus actos, mis actos, tus palabras y mis palabras tienen un gran efecto en los demás. Los actos de otros y sus palabras tienen un efecto positivo o negativo sobre mí y sobre ti.

Hagamos un ejercicio

1. Pensemos en personas que han sido ejemplo para ti y sus características. Escribe, en un papel o al costado de este párrafo, esas virtudes que te han hecho bien, te han potenciado, te permitieron volar cuando nadie creía que podías. Escribe tres o cuatro características de estas personas que han hecho una diferencia con su ejemplo positivo.

TUS ACTOS, MIS ACTOS, TUS PALABRAS Y MIS PALABRAS TIENEN UN GRAN EFECTO EN LOS DEMÁS

Este ejercicio lo hice en vivo con un grupo de líderes de jóvenes y ellos, entre muchas otras, destacaron tres características: sinceros (o auténticos), cercanos (presentes, no ausentes) y con fe en los demás (pueden ver el potencial del otro).

Toma un tiempo para agradecer a Dios por esas personas y, si tienes oportunidad, dales las gracias por su influencia positiva. También desafíate a ser como esas personas con los que están cerca de ti.

2. Ahora, pensemos en los modelos negativos que han sido parte de nuestra vida. Quizás es más fácil pensar en ellos, porque la herida que han provocado sigue allí o aún puede estar cicatrizando. Estas personas pueden ser muy cercanas, aún de la propia familia. Han sido contra ejemplo y su influencia negativa te ha provocado, quizás, un poco de enojo.

19

Escribe dos o tres características de estas personas.

Cuando realicé este mismo ejercicio con el mismo grupo anterior, sucedió que colocaron decenas de malas características y fueron muy originales en insultarlas con altura o "respeto". Pero las características que resaltaron fueron que estas personas eran o fueron: egoístas (los demás no importaban), falsos (mostraban una cosa y eran otra) y ausente (se borraban en los momentos más importantes). Increíblemente estas características se oponían a las positivas de forma paralela. Quien no era sincero, era falso; quien no era cercano, era ausente; quien no tenía fe en ellos, era egoísta.

¿Qué sucedería si este ejercicio lo realizáramos con tu grupo de adolescentes y jóvenes? ¿Qué dirían de ti? ¿Serías un ejemplo positivo? ¿Serías un ejemplo negativo? Siempre es sano preguntarse esto para hacer una diferencia positiva en tus jóvenes y no lastimarlos.

Por último, recordemos que las personas que han sido modelos positivos tienen sus luces (virtudes) y sus sombras (errores). Sin embargo, se diferencian de los modelos negativos:

Los modelos positivos no niegan sus errores y trabajan en ellos; además, la luz de sus virtudes es fuerte.

Los modelos negativos, niegan sus sombras y las esconden en los recovecos de sus vidas; además, su luz es muy débil.

2

LA TRANSMISIÓN DE VIDA EN LA BIBLIA

Cuando recorremos la Biblia vemos que el eje transversal del mensaje divino es la transmisión de vida. Dios siempre ha querido capacitar a personas creíbles para que transmitieran, a las generaciones siguientes, el modelo de vida que les proponía. Hagamos un paseo panorámico, veamos esta idea de Dios y cómo nos hace parte de ella:

Dios por medio de una pareja

Si nos acercarnos a Génesis podemos ver a Dios creando a una pareja desnuda. Sí, desnuda, sin nada que ocultar. Ambos totalmente conocidos, totalmente aceptados, por lo tanto totalmente amados. Esta pareja disfrutaba de una relación sana con su Creador, entre ellos, consigo mismos y con la naturaleza. De alguna manera encarnaban la vida que Dios deseaba que vivieran y que sea transmitida a las siguientes generaciones. Esto significa que el plan de Dios se resume en una frase: relaciones sanas.

AMBOS TOTALMENTE CONOCIDOS, TOTALMENTE ACEPTADOS, POR LO TANTO TOTALMENTE AMADOS

23

Al recorrer la historia de esta pareja vemos que en un punto de su peregrinaje deciden independizarse de Dios. De esta manera se rompe una de las cuatro relaciones, quizás la más vital y sostenedora de las demás: su relación con Dios, su creador y Dueño. Como consecuencia de esto comienza el caos en las demás relaciones. Adán y Eva comienzan a experimentar conflictos interpersonales y los trasladan a sus hijos. De hecho, uno de ellos, Caín, mata a su hermano por envidia. También su relación consigo mismos se resquebraja, deciden taparse para no sentirse juzgados por los otros y comienzan a experimentar una de las emociones más tóxicas para el ser humano: el miedo.

Más aún, la naturaleza se ve perjudicada por esta ruptura. De ahora en más no habría paz para ella y el hombre comenzaría a explotarla en vez de cuidarla y cultivarla para su desarrollo y crecimiento.

De esta manera vemos que la transmisión de vida propuesta por Dios sufre un primer traspié. Sin embargo, Dios insiste en su proyecto y piensa en una familia muy particular.

Dios por medio de una familia

Al no concretarse la transmisión de vida por medio de una pareja, Dios decide hacer un borrón en su creación. Cual artista frente al lienzo, decide tomarlo y tirarlo. Sin embargo, en el momento de destrozar su obra anterior, observa un destello de su arte que lo hace dudar. Esa pincelada en el lienzo que marcaba una diferencia se llamaba Noé.

En el relato de Génesis 6 podemos observar que Dios decide salvar a la humanidad por medio de un hombre que encarnaba su propuesta. Noé sería el artífice de esta maravilla: recrear a la humanidad y el mundo animal, darle un nuevo comienzo a través de un plan en el que participaría su familia, pues, hacerlo solo no sería lógico. De esta manera Noé construye un arca con las indicaciones dadas por Dios, reúne a su familia y los animales en todas sus expresiones. Este arca representaba un nuevo Edén, un nuevo comienzo y una nueva esperanza para seguir adelante con el proyecto divino de transmitir una vida sana a las demás generaciones.

Pero no todo fue de maravillas. Al bajar del arca y luego de varios meses de convivencia intra-familiar-animal, Noé, su familia y los animales son los herederos de un nuevo amanecer para la creación. Sin embargo, después de plantar vides, Noé se emborracha y desnudo desfila por los campos. Uno de sus hijos decide publicar este error de su padre y exponerlo a la vergüenza. Finalmente, sus otros dos hijos deciden cuidarlo y lo tapan sin verlo desnudo. Después que la borrachera se le pasó, Noé comete un acto condenable: maldice a su hijo. La transmisión de vida se ve afectada al romperse las relaciones intra-familiares, algo que se repite desde ese momento. Sin embargo, Dios no baja los brazos y sigue intentando llevar a cabo su proyecto de relaciones sanas. Ahora sería el turno de un pueblo.

Dios por medio de un pueblo

Si nos adelantamos unas páginas en el relato bíblico, veremos en Génesis 12 uno de los momentos claves para el proyecto de Dios. Allí llama a Abraham, un hombre relacionalmente sano, para establecer el proyecto de Dios en medio de un pueblo nómada. Para esto, Dios lo desafía a salir de su parentela, de su comodidad, de la familiaridad y seguridad. La fe debería ser el camino para que el proyecto de Dios se llevara a cabo. Como con Noé, Dios llama a Abraham y lo acompaña en la puesta en escena del plan.

Abraham toma a sus siervos junto a sus ganados y sale a la gran aventura, pero antes, Dios le explica cuál es el objetivo último de este viaje: transformarse en un pueblo que beneficiará a todos los pueblo de la Tierra. Para esto, Abraham y compañía deberían abrirse al desafío y estar a la altura de las circunstancias. Ellos serían los responsables de extender a todo el mundo la propuesta de vida de Dios. La transmisión se había puesto en marcha nuevamente.

Me gustaría contarte que Abraham entendió el plan y que sus acompañantes también. Sin embargo, no tenemos buenas noticias en las páginas de las Escritu-

ras. Allí nos dice que comenzaron los problemas interpersonales entre los siervos de Abraham y su sobrino
Lot, como también una serie de mentiras del primero
en el camino a Egipto. El hombre llamado por Dios
para transmitir una vida diferente fue conocido como
mentiroso por algunos de los reyes más poderosos de
la Tierra. Ser de beneficio para otros había dejado de
ser prioridad en la agenda de Abraham.

Si Dios fuera como yo, hubiera desistido de llevar
adelante este proyecto. Por el momento, parecía muy
difícil poder llevarlo a la realidad. Pero qué crees, Dios
es bastante tenaz. Ahora le llegaría el turno a una original nación.

Dios por medio de una nación

Siguiendo con el relato bíblico, este pueblo que na-
cía con Abraham transitaría por una serie de situaciones que serían el resultado de llegar a ser esclavos en
una potencia: Egipto. Allí vivieron en paz y cordiali-
dad con los egipcios hasta que los nuevos faraones se
olvidan de José, el gobernador hebreo que los había
beneficiado económicamente, y comienzan a maltra-
tar a los visitantes haciéndoles construir las ciudades
hasta hoy conocidas.

En un momento de esta historia, el Faraón de turno, entiende que el crecimiento demográfico de los
esclavos judíos sería peligroso para su reino y decide
controlar la natalidad infantil ordenando matar a los
niños varones del pueblo esclavizado. Es allí donde in-
terviene un personaje que será central en el proyecto
de Dios: Moisés. La historia de Moisés es un milagro.
Su madre decidió ponerlo en una canasta en el río Nilo
y su hermana lo acompañó para ver hasta donde llegaba. Finalmente, el canasto con el bebé llegó a los brazos de la princesa, quien decide enviarlo a una niñera

que lo criará. Su hermana, astuta por lo demás, le dice que conoce a una mujer que puede tomar ese trabajo. Inteligentemente la hermana del bebé se lo lleva a su madre para que lo cuidara y criara. Luego de este período inicial de crianza, el niño se fue a vivir al Palacio del Faraón donde aprendería la cultura, el arte, la literatura y el idioma del imperio dominante.

Todo este suceso milagroso sirve de contexto para entender el para qué de esta acción divina: Dios estaba preparando a un libertador de su pueblo para crear una nación que transmitiera su proyecto de vida a las demás naciones de la Tierra.

Moisés, el niño salvado, es llamado por Dios para salir de Egipto. Luego de varios episodios dignos de leer, este hombre sale del territorio enemigo con un pueblo bastante particular. Dios le promete dos cosas necesarias para que se constituyera una nación: una tierra donde establecerse y leyes que los rigieran (en términos actuales sería su constitución). Sin embargo, no todo fue feliz en este relato. El pueblo descreyó de la propuesta de Dios y prefirió constantemente volver a su torturador. Moisés tenía cada vez menos paciencia, hasta que explotó y se enojó con ellos. Frente a esto Dios recapituló y se dio cuenta de que difícilmente estas personas podrían llevar adelante el proyecto que tenía en mente.

DIOS RECAPITULÓ Y SE DIO CUENTA DE QUE DIFÍCILMENTE ESTAS PERSONAS PODRÍAN LLEVAR ADELANTE EL PROYECTO QUE TENÍA EN MENTE.

Como todos sabemos, el pueblo que llegó a la tierra prometida y aún con los diez mandamientos, no supo interpretar la propuesta de Dios. En cambio, se ence-

27

rraron en sí mismos y todos aquellos que no fueran parte de la élite israelí serían llamados gentiles. Comenzaron a encerrarse en un burbuja y perdieron de vista su propósito, beneficiar a todas las naciones de la Tierra.

Nuevamente, Dios no encuentra en los seres humanos personas que se tomen en serio su transmisión de vida. Pero, más allá de desistir, saca de su manga una idea revolucionaria: Él mismo nos mostraría el modelo de vida que desea que vivamos.

Dios mismo por medio de su Hijo

El Evangelio de Juan nos afirma que *el Verbo se hizo hombre y habitó entre nosotros. Y hemos contemplado su gloria, la gloria que corresponde al Hijo unigénito del Padre, lleno de gracia y de verdad (Juan 1:14,* Esta es una puesta en escena de Dios mismo transmitiéndonos su proyecto de vida sana para cada ser humano.

En este pasaje podemos encontrar algunas frases claves. Por ejemplo, *el verbo se hizo hombre*, esto significa que Dios mismo, la palabra creadora, se humilla para hacerse hombre, hablar como hombre, comer como hombre y aún pasar necesidades que cualquier hombre tiene. Esto es majestuoso, Dios se traduce para hacerse entendible. Sin embargo, no se queda en una nube flotando, sino que se acerca, **habita entre los seres humanos**. La traducción literal de la palabra *habitó* es *puso su carpa en medio de nuestro campamento*, esto significa algo profundamente increíble: Dios se muestra totalmente para ser aceptado totalmente. Pero vayamos más allá: Dios quiere conocer al hombre cara a cara para amarlo, abrazarlo y aceptarlo con carne y hueso. Todo esto, para cumplir con el objetivo de transmitirle al hombre y la mujer de ese tiempo, y de todos los tiempos, lo que significa la vida abundante. Por eso Juan puede afirmar lo que sigue: *Y hemos contemplado su gloria.*

Dios estaba dándole forma a su proyecto finalmente. Sin embargo, no todo terminó allí, esto recién comenzaba. La nueva creación serían aquellos que entendieran a Jesús como modelo de vida y la transmitieran a otros. Es aquí donde comienza la verdadera reproducción. Por esto Pablo afirma:

Ahora que estamos unidos a Cristo, somos una nueva creación. Dios ya no tiene en cuenta nuestra antigua manera de vivir, sino que nos ha hecho comenzar una vida nueva. Y todo esto viene de Dios. Antes éramos sus enemigos, pero ahora, por medio de Cristo, hemos llegado a ser sus amigos, y nos ha encargado que anunciemos a todo el mundo esta buena noticia: Por medio de Cristo, Dios perdona los pecados y hace las paces con todos[1].

De ahora en adelante las cosas serían diferentes, el ser humano entendería cuál era ese modelo edénico que Dios deseaba para todos. El desafío de cada nueva persona era transmitir el modelo establecido por Jesús y beneficiar a todas las personas de la Tierra.

Me gustaría cerrar este capítulo aquí y afirmar que todos vivieron felices y comieron perdices. Sin embargo, quiero continuar la historia para que podamos ver qué papel jugamos nosotros en el día de hoy.

Luego de mostrarles a las personas cómo tener una vida abundante, Jesús se convirtió en una amenaza. Como todos los que dicen la verdad y la viven, se ganan enemigos, y Jesús se ganó a varios sicarios que deseaban que desapareciera. Llevaron a cabo una

29

---

1 - 2 Corintios 5:17-19

emboscada y, finalmente, lo clavaron en el madero romano luego de un juicio falso. Esto provocó cierta desazón y frustración en sus seguidores. Un grupo de ellos, sin embargo, entendió su misión después de su muerte y resurrección: transmitir su vida a otros.

Es aquí donde aparecen un grupo de jóvenes astutos que trastornan al mundo conocido por el simple y profundo hecho de ser como su maestro. Ellos decidieron intencionalmente vivir como su maestro y encarnar su propuesta. Pero para entender las causas de este impacto debemos trasladarnos al sistema educativo del Siglo I en el contexto judío.

Básicamente el sistema educativo judío[2] tenía el siguiente esquema:

- *Primer ciclo o Bet Sefer* (Casa del Libro):a partir de los 5 o 6 años de edad el niño judío comenzaba su escolaridad recitando de memoria la Torá o lo que nosotros conocemos como el Pentateuco. Hasta los 10 u 11 años formaba parte de este sistema primario de enseñanza. Desde Génesis a Deuteronomio los niños de 11 años de edad conocía de memoria cada frase de estos libros.

- *Segundo ciclo o Bet Talmud* (Casa del aprendizaje): al concluir con el Bet Sefer, el niño comenzaba el segundo período de su educación. Durante algunos años estudiaría y memorizaría desde Josué a Malaquías. Un importante corpus literario para el pueblo hebreo. Hasta los 13 años el adolescente judío (aunque hombre adulto para su cultura) estudiaba y estaba preparado para elegir un rabí, al cual seguiría durante un período de prueba. Los más preparados seguían estudiando, los demás comenzarían a realizar el oficio de sus padres.

2- Para profundizar sobre estos aspectos leer Sentado a los pies del maestro Jesús, el trasfondo judío de Jesús y su impacto en la fe cristiana, de Ann Spangler y Lois Tverberg editado por Editorial Vida.

- *Tercer ciclo o Bet Midrash* (Casa de la interpretación): después de concluir con el segundo ciclo educativo, el joven podía elegir un rabí para seguir. Luego de un período de prueba el rabí decidiría si este joven sería oficialmente su discípulo o no. En esta etapa el discípulo decidía seguir la interpretación de las Escrituras que realizaba su rabí. Pero más allá de la interpretación racional, el discípulo seguía el estilo de vida de su rabí. Es entonces que el rabí observaba si el candidato tenía condiciones de ser como él. Si esto no era así, lo despedía y le recomendaba que realizara el oficio de sus padres. Si veía un potencial discípulo, lo afirmaba con las siguientes palabras: "Sígueme".

¿Recuerdas el llamamiento de algunos de los discípulos de Jesús en Mateo 4?:

Jesús pasaba por la orilla del Lago de Galilea cuando vio a dos hermanos que eran pescadores: Simón Pedro y Andrés. Mientras pescaban con sus redes, Jesús les dijo: "Síganme. En lugar de pescar peces, les voy a enseñar a ganar seguidores para mí".

En ese mismo instante, Pedro y Andrés dejaron sus redes y siguieron a Jesús.

Jesús siguió caminando por la orilla del lago y vio a otros dos hermanos pescadores: Santiago y Juan. Los dos estaban en una barca arreglando las redes, junto con su padre Zebedeo. Jesús llamó a los dos. Ellos salieron de inmediato de la barca, dejaron a su padre y siguieron a Jesús.

Muchas veces me pregunté si el padre de esto jóvenes volvería a su casa y le diría a su esposa: "Los muchachos se fueron con un sujeto extraño de pelo largo y me dejaron con las redes solo". Sin embargo, el contexto judío nos dice que esa noche hubo fiesta en la casa de Zebedeo, ya que sus hijos tenían una nueva oportunidad de parte de un rabí. Estos jóvenes seguramente habían sido rechazados por maestros anteriores o ni siquiera se acercaron a uno por miedo al rechazo. Por esto los encontramos realizando el oficio de sus padres. Según algunos estudiosos seguramente tendrían entre 15 a 18 años de edad.

Esto jóvenes entendieron que Jesús les decía: "Pueden ser como yo, síganme". Esto nos demuestra porque esto chicos trastornaron su sociedad beneficiándola: *ellos le creyeron a Jesús sobre la transmisión de vida y comenzaron a encarnar su modelo.* Los discípulos de Jesús son las personas que se levantan cada día decidiendo intencionalmente vivir como su maestro.

Una historia de un viejo capellán de seminario

El capellán del seminario era el predicador de esa noche. Todos estaban obligados a ir al culto mensual. Cada estudiante que llegaba, se acomodaba en el banco. Con su voz débil y monótona, una vez más, dormirían por un rato.

El auditorio se fue llenando.

El anciano entró en la capilla. Caminó lentamente por el pasillo central hasta el púlpito. Se puso los anteojos y abrió su Biblia. Ordenó las hojas que traía. Repasó serenamente sus apuntes. El bullicio inicial se fue transformando en silencio. Levantó la vista de sus papeles y comenzó a mirarlos directamente a los ojos. Los conocía, habían sido sus alumnos por años. Conocía sus nombres y sus sueños. Después de varios minutos de mirarlos fijamente a los ojos les dijo solo estas palabras: "Eres el único Jesús que alguien conoce".

Nombró a cada uno repitiendo, sin equivocarse: "Eres el único Jesús que alguien conoce".

Momento a momento, el impacto fue mayor. En el salón resonaban las palabras, "eres el único Jesús que alguien conoce". Pocos pudieron contener las lágrimas.

"Eres el único Jesús que alguien conoce", seguía diciendo el viejo.

Cuando terminó de mirar a cada uno y de desafiarlos con esa frase, se fue. Tomó sus notas y su vieja Biblia, caminó hacia la puerta y no volvió a verlos más. Pero el impacto de esas palabras siguió resonando en los oídos y los corazones de esos estudiantes escépticos. Fue una noche donde Dios habló, de una manera que nadie imaginaba.

Fue tal la huella que dejaron esas palabras y la vida íntegra del viejo, que los estudiantes entendieron la importancia de ser un modelo para todos aquellos que pasaran por sus vidas.

3

¿QUÉ TRANSMITIÓ JESÚS?

Después de profundizar sobre la importancia de la transmisión de vida en la Biblia y en el modelo propuesto por Dios, debemos hacer un paréntesis y preguntarnos qué es exactamente lo que Jesús transmitió y pensar cómo nosotros, mentores de adolescentes y jóvenes, debemos transmitir este modelo a las futuras generaciones.

Hagamos un ejercicio previo antes de desarrollar este capítulo. Recorramos los evangelios detenidamente y pensemos juntos en la siguiente pregunta que, aunque simple y sencilla, nos puede sorprender:

¿Qué me ha transmitido Jesús?

Busca pasajes en los Evangelios donde puedas detallar claramente qué te transmite Jesús. Te doy un ejemplo que quizás te sirva.

Las tragedias nos hacen repensar nuestros valores. Hace unos años viajábamos para visitar a mi hermano y a su familia. Disfrutamos viajar juntos. Iba con Elisabeth, mi esposa, Agustín y Astrid, mis dos hijos menores. Nos divertimos durante el primer tramo de nuestro recorrido y nos turnábamos con Elisabeth para manejar. Todo estaba bien, nada podía pasar.

Sin embargo, esa tarde casi llegando a nuestro destino, nuestro auto perdió el control, tocamos la banquina y comenzamos a dar vueltas en el aire. Ese día Astrid murió y la tristeza penetró en nuestros corazones. Mi princesa tenía trece años. Era única. Su sonrisa, su gracia, su amor, su persona. Todo era resplandor. Ahora solo podemos recordarla y extrañarla. Fue en ese momento que le pregunté a Dios, *¿qué tienes para decirme en estos momentos?*

Y recordé un episodio de la vida de tres hermanos, que vivían en la ciudad de Betania, cerca de Jerusalén.

Ellos eran muy buenos amigos de Jesús. Disfrutaban de estar juntos cada vez que se veían. En las horas que disfrutaban juntos, perdían la noción del tiempo. Porque cuando la pasamos bien, el tiempo no importa. Cuando estamos con buenos amigos, todo lo demás es accesorio.

Los hermanos de Betania se llamaban María, Marta y Lázaro. Un día, Lázaro enfermó de gravedad. Parecía una simple fiebre, pero con el tiempo, la infección se extendió por su cuerpo y lo llevó a la muerte.

La gran tristeza (como me gusta llamar a la muerte) llegó a la casa de estos amigos. Y cuando llega la muerte, necesitamos amor (que significa *a-*: sin, *mor-mortis*: muerte). Un amor que nos abrace, que nos acompañe en el dolor y en el llanto. En los momentos donde extrañamos a esa persona, que es parte de nuestra misma historia, que ha caminado junto a nosotros por mucho tiempo.

En aquella cultura, existía una costumbre muy interesante. Cuando alguien moría, sus amigos y conocidos, acompañaban durante siete días a los familiares que estaban de luto. Se la llamaba: "sentar shivá" que significa *sentarse al lado del que tiene dolor*. Es un mandato que fomenta la empatía y se repite en Romanos 12:15: *Alégrense con los que están alegres; lloren con los que lloran.*

Cuando Jesús llegó al funeral, realizó esta costumbre, pero no por obligación, sino porque entendía el dolor de sus amigas. Lázaro era muy importante para ellos. Necesitaban llorar. Los registros históricos nos dicen que, en esta escena, Jesús también lloró.

Dios llorando porque está triste, pero también llorando porque se identifica con nuestro dolor.

En ese momento de nuestra vida Jesús se sentó con cada uno de nuestra familia y lloró por nuestro dolor, pero también porque le dolió la muerte de mi hija.

Recorre los Evangelios, donde vemos a Jesús actuando y recorriendo las calles junto a las personas y pregúntate, ¿qué me transmite Jesús aquí?

¿Qué deberíamos transmitir en nuestro rol de mentores?

En mi libro *El evangelio que leen los adolescentes*[1] me pregunto ¿cuál es nuestra tarea como mentores de adolescentes y jóvenes? ¿qué debemos transmitir del modelo de Jesús? Y creo que existen una serie de enseñanzas que quiere que reproduzcamos en nuestros mentoreados. Si esta transmisión es efectiva, las cosas pueden cambiar y puede ser real un impacto a nivel individual y comunitario.

SI ESTA TRANSMISIÓN ES EFECTIVA, LAS COSAS PUEDEN CAMBIAR

39

Un mentor debería ser...

1. **Creíble.** El propósito redentor de Dios se traduce en Jesús. El verbo se hizo carne para que lo veamos, toquemos y conozcamos como alguien fidedigno. Los adolescentes y jóvenes perciben este propósito de Dios en nosotros. Por lo tanto, debemos ser creíbles y esto implica que demostremos lo que hablamos de Dios, que encarnemos la vida de Jesús en nosotros, que sirvamos a los demás (a la comunidad, a la sociedad, etc.) y que vivamos una fe radical, revolucionaria y auténtica (lo que significa vivir lo que creemos). Los adolescentes y jóvenes tienen que ver para creer. Parecidos al discípulo Tomás que deseaba probar de primera

---

1- Editado por Ediciones Crecimiento Cristiano (2ª edición).

mano lo que le decían, les tenemos que mostrar las marcas de Jesús en nuestro diario vivir y, una de esas marcas, es la credibilidad (un recurso escaso que evidencia nuestra coherencia entre lo que decimos y hacemos).

2. Facilitador. Jesús buscó que sus discípulos entendieran, crecieran, maduraran y superaran sus dificultades. No hizo sus cosas ni tomó decisiones por ellos, los trató como personas con decisión propia. Buscó su desarrollo como seres humanos y en el momento que tropezaron, los amó incondicionalmente (Juan 21:15-25). Como mentores debemos ser facilitadores para que los adolescentes y jóvenes tomen las mejores decisiones por sí mismos. No creer que ellos pueden decidir bien. Es una marca de falta de amor y de tiranía. Nuestra labor como facilitadores implica que busquemos el desarrollo del adolescente en lo intelectual, emocional, social, físico y espiritual. Y que, cuando se equivoquen, (sean las veces que sean) los acompañemos a superar tal situación y a reflexionar sobre sus próximos pasos. El líder modelo no pretende formar robots dependientes sino que alienta al discernimiento y a la reflexión para crecer (uno de los métodos de Jesús fueron las preguntas reflexivas o retóricas). Los adolescentes y jóvenes deben ser desafiados a tomar decisiones que partan del discernimiento y la reflexión, puesta su mirada en Jesús (Hebreos 12:1-3).

3. Comprometido. No es posible ser creíble o facilitador sin ser comprometido. Nuestro compromiso es doble: con Dios y su propósito, y con las personas que nos rodean, quienes, junto a nosotros, so-

40

mos beneficiados por el plan divino. Para el mentor, esto implica:

▸ *Disponibilidad*. Como servidores debemos tener disponibilidad, pero también poner sacrificialmente *nuestras* energías, *nuestros* puntos de vista (no somos los dueños de la verdad) y *nuestras* posesiones materiales (Romanos 8:32, no escatimar significa que no se guardó nada para él sino que lo entregó todo por nosotros, hasta a su hijo). Nuestra disposición debe mostrar una vivencia de la generosidad de Dios en nuestra vida. Es difícil despojarnos de lo material, sin embargo, Dios nos propone que lo pongamos al servicio de los demás ya que todo le pertenece, en esto debemos ser solo mayordomos (1 Pedro 4:9-10).

no escatimar significa que no se guardó nada para él sino que lo entregó todo por nosotros

41

▸ *Relaciones reveladoras*. Nuestra relación con Dios revelará si somos llenos del Espíritu Santo o si estamos trabajando con meros recursos humanos. Nuestra relación con Dios y con los demás, hablan de quienes somos. Jesús mantuvo relaciones que revelaban su amor incondicional por los seres humanos ¿Qué mostramos nosotros? Si tenemos relación con Dios será evidente a todos por la acción del Espíritu Santo en nuestra vida. Si tenemos una relación con nuestros adolescentes y jóvenes de amor incondicional, esto revelará la gracia de Dios actuando por medio nuestro. Como líderes modelos, somos agentes transformadores y nuestro blanco es contrarrestar el odio, la desesperanza y el rechazo con el amor.

▸ *Aceptación y conocimiento transcultural.* Los misioneros son entrenados en la cultura que afectarán con el mensaje de Dios, por lo tanto, tendrán que conocer su lengua, sus actividades cotidianas, su arte (música, modas, estilos, tendencias, etc.), sus lugares y sus historias, sus símbolos (modelos, comportamientos, etc.) y sus necesidades más profundas. Como misioneros hacia los adolescentes y jóvenes, también tenemos que tener estos conocimientos transculturales y no evaluarlos como extraños, por no ser de nuestro gusto. Recordemos que Dios nos propone cultivar la tierra, lo que implica desarrollar una cultura o un servicio (culto proviene del verbo transitivo en latín *que implica un objeto de servicio o adoración, en este caso será Dios*) y los jóvenes están desarrollándola de las formas más diversas e innovadoras. Como parte del compromiso debemos alentar a que su cultura desarrolle su máximo potencial y que su móvil sea darle la gloria a Dios y una sincera adoración, no por los medios convencionales y "aceptados por conocidos", sino por los que partan de una inspiración divina, que serán más altos que los humanos (Mateo 16: 13-17; Isaías 55:6-13).

▸ *Preparado y en preparación.* Ningún mentor estará cómodo si ha sido llamado por Dios a servir a los adolescentes y jóvenes. Esta generación del milenio presenta diferentes gemidos y frente a ellos no podemos

42

ser indiferentes. Los adolescentes y jóvenes necesitan de gente que los amen, que los escuchen, que conozcan sus problemas y que intenten darles una respuesta. Debemos estar preparados para ser consejeros fieles, confidentes y humildes. Los chicos y chicas necesitan ser alentados por medio de la voz de Dios a ser victoriosos, a sobrevivir en un sistema organizado para desalentarlos o usarlos para propósitos egoístas. Jesús vio en la multitud las necesidades de un pastor y de comida. Los discípulos las vieron también, sin embargo, buscaron una solución fácil: despedirlos (Marcos 6:30 - 44) ¿Cuántas veces hemos buscado una solución que no perturbara nuestra paz ni nuestra comodidad?

43

4. **Íntegro**. El filósofo danés Sören Kierkegaard explicó de una forma sencilla el significado de *integridad*, él dijo: *es buscar una sola cosa, la voluntad de Dios*. Jesús es el ejemplo vivo de integridad, buscó una sola cosa: cumplir la voluntad del Padre. Los líderes modelos debemos buscar una sola cosa en todas las áreas de nuestras vidas, (ya sea sexual, social, financiera u otra), *la voluntad de Dios*. Recordemos que, como agentes creíbles, facilitadores y comprometidos, seremos vistos como ejemplos por las personas de ambos sexos, por lo tanto, deberemos cuidar nuestra integridad. Para esto recomiendo tener un amigo del mismo sexo, espiritual y confidente, a quien le podamos contar nuestras luchas para que nos ayude a no abandonar. Por último, si eres casado/a fortalece tu propio matrimonio como acción de defensa y protección a tu relación.

5. *Con frescura espiritual.* Uno de los hombres que más me ha acompañado, a la distancia, en mi viaje espiritual a sido John Stott, pastor y amante del liderazgo latinoamericano (provee recursos para el desarrollo de los estudiantes latinos). En una de sus obras sobre liderazgo afirma que el líder siervo debe buscar *frescura espiritual y contrarrestar el desánimo y estancamiento que puede producir la falta de fe, la visión desvanecida y las presiones.* Para esto debemos desarrollar las disciplinas espirituales o fuentes frescas de agua espiritual: la primera es *el descanso*, la segunda es *la administración del tiempo* y la tercera es *la vida devocional.*

Los líderes siervos, en su mayoría, trabajamos como voluntarios en el ministerio entre adolescentes, tenemos nuestras profesiones y trabajos, por lo tanto, es difícil cultivar estas disciplinas. Sin embargo, creo que debemos detenernos y repensar; salir de la vorágine por un momento y repensar lo que hacemos.

Comencemos a pensar en nuestro tiempo e intencionalmente busquemos administrarlo de manera que no perdamos la frescura espiritual que tanto nos bendice y que nos alienta. Descansar no es popular en los ministros de nuestras iglesias, se los evalúa como haraganes. Sin embargo, Dios nos propone descansar para contemplar su obra en nuestra vida y renovar la visión que Él tiene para nuestros ministerios.

44

Además de separar tiempo para nosotros mismos, recordemos que Jesús se tomó tiempo para él y sus íntimos. Debemos recrearnos, pasar tiempo con nuestras familias y nuestros amigos, alejándonos de las presiones ministeriales y laborales. Sin esta fuente de agua fresca, estaremos deshidratados y pronto nos agotaremos. Recordemos que la recreación, la familia y los amigos son regalos de Dios y debemos cuidarlos.

RECORDEMOS QUE LA RECREACIÓN, LA FAMILIA Y LOS AMIGOS SON REGALOS DE DIOS

La administración del tiempo de un líder modelo debe ser una prioridad ya que la demanda horaria de los diferentes oficios es abrumadora. En consecuencia, debemos tener en claro nuestras prioridades: tiempo de oración, tiempo de leer algún libro que desarrolle nuestro intelecto y tiempo de retiro. Quisiera explicarte este último.

45

Retirarnos nos permite distanciarnos de las cosas que cotidianamente hacemos y nos permite ver, evaluar y analizar si estamos en las sendas que el Señor nos delineó. Si tienes unas horas libres algún día de la semana separa una o dos para un mini retiro. En mi experiencia como docente y pastor de adolescentes decidí tomarme los sábados por la mañana un tiempo de dos horas, apartarme de la rutina y de mi casa para tener un tiempo de replanteo y oración. Han sido restauradores en mi experiencia.

La vida devocional refrescará cada día tu vida espiritual. Estar en contacto con la Palabra de tu Padre y acercarte a Él en oración harán la diferencia en tu día agitado. Además, es importante que puedas compartir tus devociones con tus jóvenes y ellos se verán inspirados por tus experiencias verídicas. Recuerda que la alabanza también es una forma de adorar a Dios y puedes incluirlas en tus tiempos con Él.

Antes de compartirte una historia, quiero alentarte a que tengas un liderazgo inspirado en el modelo de Jesús, nuestro Señor, quien marcó nuestras vidas con su propuesta al relacionarse con nosotros, a pesar de nuestra condición. Él fue creíble y lo sigue siendo ya que encarnó lo que dijo. Jesús quiere tu crecimiento y tu madurez, quiere que desarrolles todo tu potencial. Jesús está comprometido contigo, dándote su tiempo y sus oraciones al Padre por ti. Él es quien buscó la voluntad del Padre para que estés con Él por siempre. Él es la fuente de agua viva y nunca permitirá que tengas sed de amor. Jesús confía en ti para hacer la diferencia en la vida de tus adolescentes y jóvenes.

Una historia sobre una sigla

Mis abuelos estuvieron casados por más de medio siglo. Desde que se conocieron, jugaron un juego especial. La meta de su juego era escribir la palabra "TACTEC" en un lugar inesperado para que el otro lo encontrara. Con los dedos, grababan las palabras en la humedad de los vidrios de la ventana o en el espejo del baño. Una vez, mi abuela desenrolló un rollo completo de papel higiénico y escondió la palabra al final. Notitas escritas aparecían en el tablero del automóvil. Las escondían dentro de los zapatos o debajo de las almohadas. Se escribían "TACTEC" en el polvo que se acumulaba en los muebles.

Me llevó mucho tiempo apreciar completamente el juego de mis abuelos. Para ellos el amor no tenía secretos, era su modo de vida. Se tomaban de las manos. Se robaban besos. Antes de cada comida, inclinaban la cabeza y daban gracias por su familia, y por tenerse el uno al otro.

Una nube oscura se posó sobre sus vidas cuando a mi abuela le diagnosticaron cáncer de mamas. Mi abuelo estuvo a su lado en cada momento del tratamiento. Entonces, un día, lo tan temido sucedió. Mi abuela falleció.

En el funeral, mi abuelo se paró al lado del ataúd y con lágrimas en los ojos, habló de ella. Nos compartió el significado de la palabra misteriosa de su juego: TACTEC: ¡Te Amo Con Todo El Corazón![2]

47

El desafío de los mentores es ser el TAC TEC de Dios para los adolescentes y jóvenes. Seamos la traducción más clara del amor de Dios para sus vidas.

2- Adaptado de "TACTEC" por Laura Jeanne Allen.

4

PERFIL Y FUNCIÓN DEL
MENTOR

El rol de mentor supone ciertas predisposiciones personales para llevar adelante la tarea de acompañar, guiar u orientar a adolescentes y jóvenes. Para pensar sobre el perfil de la persona que llevará a cabo este rol, debemos contestarnos ciertas preguntas:

1. ¿Qué es un mentor?

2. ¿Cuáles son las características que debería tener un mentor?

3. ¿Cuáles deberían ser sus capacidades?

4. ¿Cuál es su función?

Ahora respondamos estas preguntas:

1. ¿Qué es un mentor?

Es una persona...

- Que se ha comprometido a viajar en el camino espiritual con otros.

- Que se dedica a orar por sus mentoreados e intercede por ello.

- Que tiene variadas funciones educativas: maestro, pastor, modelo y tutor. Todas con el fin último de modelar a la persona a la imagen de Jesús.

- Que promueve el bien para el mentoreado, buscando la seguridad de éste y el desarrollo de todo su potencial.

- Que orienta hacia la verdad revelada en la Biblia.

51

- Que valora el desarrollo integral de sus mentoreados.

2. ¿Cuáles son las características que debería tener un mentor?

- Es indispensable tener cierta vocación, predisposición o "llamado" a la tarea de cuidado.

- Ser una persona que admite que los jóvenes tienen valores personales y que no tratará de imponer los propios en su trato o diálogo.

- Debe tener interés genuino por el cuidado del ser humano y por atender sus problemáticas.

- Entender a cada ser humano como único, diferente y creado con un potencial.

- Tener la capacidad de recibir y contener empáticamente las problemáticas de cada persona o del grupo que tenga a cargo. Como también ser una persona pacífica frente a las dificultades[1].

- Conocer los propios límites y solicitar ayuda para afrontar situaciones difíciles, tanto en lo personal como en lo profesional. Es decir, saber dejarse ayudar.

- Saber trabajar en red con profesionales y tener la capacidad de referir/derivar a sus mentoreados en los casos que sobrepase el ámbito de abordaje espiritual[2].

- Aceptar que los conflictos como integrantes del aprendizaje y de la vida en comunidad.

- Buscar la capacitación continua para poder cuidar con mayor excelencia.

52

1- Ver en la Caja de Herramientas para el mentor, el artículo ¿Cómo resolver un conflicto?
2- Ver en la Caja de Herramientas para el mentor, el artículo ¿Cómo y cuándo derivar?

- Tener la capacidad de rendir cuentas a sus autoridades sobre los pasos en el cuidado comunitario.

3. ¿Cuáles deberían ser sus capacidades?

- Aptitud para la apertura y comunicación: esto significa tener herramientas para una comunicación eficaz y capacidad para la negociación colaborativa[3].

- Afectivamente equilibrado.

- Conocedor de la realidad espiritual en sus contextos locales y del mundo: esto quiere decir ser una persona contextualizada a los desafíos que representa acompañar a adolescentes y jóvenes.

- Que admita el conflicto en sí mismo y en los demás, en sus niveles individual, grupal, institucional y social, que pueda reflexionarlo y procurar su resolución operativa y co-operativamente.

- Comprometido con su tarea de cuidado pastoral en situaciones de crisis educativa, vocacional o personal.

- Que admita los límites de su propia formación y esté dispuesto a seguir aprendiendo en forma permanente (aprendible).

- Respetuoso de la personalidad y la autonomía de cada ser humano y dispuesto al diálogo.

- Capaz de promover en sí mismo y en los demás la elaboración de un proyecto de vida que trascienda las circunstancias ocupacionales y

53

3- Ver en la Caja de Herramientas para el mentor, el artículo ¿Cómo comunicarse eficazmente?

reconozca su inserción y responsabilidad cívica y social.

- Capaz de trabajar en grupos o equipos de trabajo interdisciplinarios[4].

- Que su actividad profesional responda a los valores espirituales cristianos.

4. ¿Cuál es su función?

El mentor de adolescentes y jóvenes contribuye de diferentes maneras para que los chicos/as se desarrollen en el propósito que Dios tiene para cada uno de las siguientes maneras:

I. Escucha cuidadosamente.

Escuchar cuidadosamente es un arte. Este arte tiene hermosas facetas: no da respuestas rápidas o con frases armadas; no da respuestas simplistas; en cambio atiende a la persona sin prejuicios. Desarrollar la capacidad de oír los clamores de los jóvenes es la muestra de amor más apreciada por ellos, porque la necesitan. El abandono que los adolescentes están viviendo en nuestra sociedad potencia de una manera incalculable esta capacidad del mentor espiritual.

Cuando escuches a tus jóvenes y adolescentes ten en cuenta lo siguiente:

▸ No tienes todas las respuestas.

▸ Tendrás que escucharlos más de una vez.

▸ Dirígelos a la voluntad de Dios.

---

4 - Ver en la Caja de Herramientas para el mentor, el artículo ¿Cómo trabajar en equipo?

▸ Ten empatía (llora y ríe con ellos.).

▸ Entiende su vocabulario, si no, pregunta qué quiso decir.

▸ Busca un lugar público para las entrevistas.

▸ No los apures, ellos hablarán según la confianza que te tengan.

II. Alienta a expresar libremente sus sentimientos.

Los chicos, como los adultos, tienen experiencias heterogéneas en su vida. La actitud que tenemos hacia ellas nos ayudará a seguir adelante o frenarnos para quedar varados en el rencor

EL MENTOR ALIENTA Y LOGRA CREAR UN ÁMBITO DE CONFIANZA

55

o la tristeza. El mentor alienta y logra crear un ámbito de confianza para que el adolescente y el joven exprese libremente sus sentimientos hacia las circunstancias que vivió, hacia las personas que lo rodean y hacia el futuro que tiene en sus manos. Esto es un pilar del ministerio pastoral entre jóvenes.

Los abusos, los malos tratos, los rechazos, las dudas, las tristezas, las alegrías, los logros, las luchas, los pecados, el arrepentimiento, el perdón son algunos de los temas que abordarás cuando tus chicos confíen en ti. En ese momento tendrás que acompañarlos en el proceso de sanidad o en la celebración según el caso. Y recuerda, es maduro derivar tus chicos a profesionales cuando los necesitan, también forman parte del proceso que Dios comenzó en la vida de tus chicos.

III. Estimula a la relación con Dios.

Los adolescentes quieren respuestas rápidas, nosotros también, todos las queremos. Cuando estoy frente a la computadora me doy cuenta de esto: quiero que en el momento que di una orden haya una respuesta veloz. Dios no es el interlocutor de respuestas inmediatas, automáticas o instantáneas que pretendemos que sea, por lo tanto, tendremos que aprender a relacionarnos con Él, teniendo en cuenta sus canales de comunicación.

Su Palabra, el Espíritu Santo, las personas y las circunstancias son algunos de los principales canales que Dios utiliza para hablarnos. Como facilitadores de la relación con Dios entre los jóvenes, debemos buscar que el Dios que transmitimos sea una experiencia real en sus vidas. Debemos hacer relevante la Palabra de Dios para su diario vivir, esto quiere decir que debemos conectar, hacer un puente, o relacionar el mensaje de Dios haciéndolo entendible para ellos. Los adultos nos aburrimos en los cultos o servicios muchas veces, ellos siempre y esto despierta en ellos, una sensación de frustración ya que piensan que Dios no tiene nada para decirles.

El Espíritu Santo habla y guía sellando su voluntad en nuestro espíritu o en nuestra mente. Cuando estamos frente a una situación el Espíritu Santo nos orienta en nuestra decisión para que hagamos lo que es la voluntad de Dios. Muchas veces estas decisiones se debaten entre cosas que son legítimas y no necesariamente pecaminosas. Sin embargo, en oración, en espera y con fe nos acercaremos a aquello que Dios desea para nosotros. Los jóvenes deben buscar la guía del Espíritu

Santo en sus relaciones, en sus elecciones y en sus compromisos. Y nosotros debemos alentar a que ellos busquen esa voz del Espíritu para afrontar la vida diaria.

Anímate a compartir con tus adolescentes cómo Dios actúa en tu vida y contágialos del deseo de ser guiados por Dios en cada situación. Aliéntalos a escuchar su voz pero también a ser amigos de su Padre. Sé una influencia en su vida para que deseen acercarse a la fuente de agua y no tengan más sed. Instrúyelos para que mediten en su Palabra y lo busquen en oración. Haz que la vida de relación con Dios sea una aventura de todos los días y que puedan ver que Dios está actuando, porque su mano no ha sido cortada para marcar sus vidas.

IV. Anima en la búsqueda de propósito.

Vivimos en una época donde la competencia es feroz en todos los ámbitos de la vida. Lo académico, lo laboral, lo ministerial, lo familiar, lo material está teñido de un tinte competitivo. Los adolescentes de hoy están recibiendo mensajes como "si no estudias, no eres nada", "si no tienes tal o cual, cosa no existes", "no eres como tu hermana", "tu trabajo podría haber sido como el de..." y están delimitando su propósito al siguiente paradigma: *compite o no serás aceptable*. Con esto no estoy alentando a la negligencia, a la ociosidad y al vagabundeo. Solo estoy previniendo a las mentes de los agentes de cambio (mentores) a que analicen los efectos de estos mensajes.

La baja autoestima es una plaga entre la adolescencia y todos los que trabajamos con ellos lo sabemos. Sin embargo, esta plaga está alcanzando a los adultos. Hoy los podemos ver desesperados por obtener algún tipo de estatus y vivir a una velocidad extrema temiendo ser superados.

¿Esto significa que el propósito de la vida es competir? No, el propósito de la vida es llegar a ser lo que Dios quiere que seamos. Dios realizó un diseño exclusivo con cada adolescente y nosotros somos los encargados de guiarlos a que descubran ese potencial que tienen. Debemos transformar el paradigma de la competición hacia un paradigma de diseño divino.

Para ilustrar este punto quisiera ver un ejemplo: el episodio que se relata en Hechos 9.

Saulo era un hombre competitivo. Sabía que apresar a los cristianos de Damasco le traería éxito ministerial y buen nombre en su entorno. Llevar a los cristianos presos a Jerusalén sería un evento imponente y le traería prestigio. Pero algo cambió su paradigma competitivo y lo puso alineado al paradigma de diseño divino. Algunos creen que Jesús lo tiró de un caballo. Esto no lo dice el relato bíblico, sin embargo ilustra mejor lo que trato de comunicarte: Podes andar en tu caballo (símbolo de prestigio y poder) hasta que Dios te arroja de él para que toques la tierra con tu rostro (humillación y reordenamiento del paradigma).

Acompañar a los adolescentes y jóvenes a descubrir el paradigma de diseño divino para sus vidas los hará hombres y mujeres de éxito, a la manera de Dios. De lo contrario tendremos que lidiar con la ansiedad, la soledad y el desaliento (recuerda que no todos llegan a tener todo lo que quieren o lo que los demás les exigen).

El paradigma de la competitividad trae dudas de compartir libremente los sentimientos, las opiniones y los temores. Todo esto se traduce a una vida hipócrita y de cumplidos, opuesta a una libertad que solo la verdad del paradigma de diseño divino puede dar (Juan 14:6; Juan 10:10)[5].

V. Ora con y por los adolescentes y jóvenes.

La oración forma parte de la relación entre el mentor y el adolescente. En el momento que una persona le pide a otra oración está pidiéndole de manera implícita que lo escuche y que tenga empatía en su necesidad. La oración de un adolescente es una marca de fe vivencial. Aquel que se anima a orar con otros y a solas entiende que Dios está atento a sus palabras y se ve como dependiente de su ayuda para seguir adelante.

EN EL MOMENTO QUE UNA PERSONA LE PIDE A OTRA ORACIÓN ESTÁ PIDIÉNDOLE DE MANERA IMPLÍCITA QUE LO ESCUCHE

59

Muchas veces no te pedirán que ores por ellos, sin embargo, tú, al ver su necesidad orarás a Dios porque sabes que necesitan de él. Te recomiendo que, cada vez que hables con ellos en la consejería, comiences y cierres la conversación orando. Es una forma de entregar cada palabra y el mejor consejo a Dios.

Por último, es importante proponer y alentar la oración comunitaria. Los adolescentes son muy

---

5- Para trabajar este tema con tus adolescentes y jóvenes, puedes leer Transformados, volver a empezar, de Gabriel Salcedo. 2009.

buenos para formar grupos de oración y para traer amigos a que se sumen. Recuerdo cuando formamos un grupo de oración en un colegio. La propuesta era quedarnos con los chicos durante un recreo a orar por temas personales y de la institución. El primer encuentro fue asombroso, quisieron quedarse todos, nadie salió al recreo, lo que significa un milagro. Desde ese día el compromiso del recreo de oración se ha extendido a todos los chicos del colegio. Aún hoy tenemos un tiempo de oración comunitaria con los jóvenes de la Iglesia Presbiteriana San Andrés y es uno de los momentos más especiales de nuestros encuentros.

VI. Fortalece en el perdón.

Todos necesitamos el perdón. Necesitamos que Dios nos perdone y también nuestro prójimo. Pedro fue a Jesús con una inquietud, ¿cuántas veces perdonaré a mi hermano? No creo que Pedro tuviera mucho que perdonar, es más, creo que la pregunta debería haber sido, ¿cuántas veces me tiene que perdonar? (recordemos que era bastante impulsivo y habrá errado varias veces, como muchos de nosotros).

Los adolescentes y jóvenes claman por perdón, pero encuentran jueces acusadores por todos lados, no perdonadores. Como mentores, debemos juzgar sus situaciones a la luz del perdón de Dios. Ellos deben entender que eres alguien que perdonas antes juzgar y por ende, reflejas el amor incondicional de Dios. Tu modelo deberá ser el del padre dadivoso del hijo derrochador. Mientras más abunde el pecado mucho más la gracia del perdonador. Recuerda que Dios no nos indica que analicemos si la persona se arrepintió de corazón o no, esa es cuestión suya, no nuestra. Solo somos co-participantes del don del perdón.

Cuando el joven vea en ti *un perdonador incondicional,* buscará serlo también. Recuerda que muchas veces sus padres, sus amigos, sus profesores y hasta tú deberán ser perdonados por ellos. Si no tienen el hábito de perdonar y solo juzgan, tendrás un buen grupo que tarde o temprano pondrá la mirada en tu error.

5

¿CONOZCO
A MIS MENTOREADOS?

En el desarrollo de una pastoral entre los adolescentes y jóvenes es común escuchar a los chicos decir: mis padres no me entienden o los profesores están en sus cosas o también viven en la prehistoria y no se animan a conocernos. Es un desafío, para todos aquellos que estamos involucrados en el servicio hacia la comunidad juvenil, el conocer el mundo adolescente en su totalidad y no solo su primera capa o lo que muestran en apariencia.

A medida que nuestro compromiso es mayor con los chicos, nos daremos cuenta que muchas veces no son lo que aparentan y nos equivocamos en juzgarlos de forma integral, conociendo solo una porción de sus vidas.

> **A MEDIDA QUE NUESTRO COMPROMISO ES MAYOR CON LOS CHICOS, NOS DAREMOS CUENTA QUE MUCHAS VECES NO SON LO QUE APARENTAN**

65

Superficies de este mundo

Primera capa: cuadro idílico / cosmético

Es aquella imagen que todos perciben del adolescente y aún del joven. Es aquel chico lleno de alegría, despreocupado y hasta irresponsable pero sin complicaciones. La conformidad está presente, por lo tanto, participa de aquel sistema que le han impuesto.

Es en esta capa donde el adolescente cumple con diferentes roles y a su vez, actúa según a quién tenga que responder. Es aquí donde podemos ver al chico dividido (o sus múltiples yo) en hijo, estudiante, deportista, integrante de un grupo, amigo, etc.

A diferencia del adulto que ha desarrollado su identidad como una unidad, el adolescente busca presentarse aquí como el que responde a todos los adultos y pares que tiene delante. Aquí el rendimiento y la imagen resultan fundamentales.

Segunda capa: cuadro de supervivencia / presión

Aquí es donde el adolescente lucha por sobrevivir. Los temores internos, la soledad, la inseguridad, hacen su aparición. Pocos ingresan a esta segunda capa: solo aquellos que se han ganado la confianza y no tienen propósitos egoístas o dobles intenciones.

Los que generalmente acceden a ella son los amigos, quizás algún adulto, pero para eso deberá trabajar.

En esta capa es donde el adolescente y el joven toman las decisiones determinantes de esta etapa del desarrollo (adicciones, hábitos sexuales, imagen de hombre y mujer, perspectiva sobre Dios, relación con los padres, etc.). El adolescente necesita del adulto y lo sabe. Sin embargo, no encuentra respuesta de los mismos ya que están ocupados en sus intereses personales y hedonistas propios de la posmodernidad.

¿Por qué no vemos la segunda capa?

Los estudiosos, profesores y adultos, en general, no se ponen de acuerdo en definir esta nueva adolescencia. Algunos argumentan saber de qué se trata y hasta se animan a diferenciar entre pre-adolescencia, adolescencia y juventud. Sin embargo, el nuevo mapa de relaciones y las culturas establecidas nos desafían a pensar en la adolescencia como una etapa que dura hasta trece años y no ya dos o tres años como afirman los teóricos de la vieja guardia.

Hoy vemos a chicos de once o doce años siendo apurados para vivir y algunos de hasta 30 años promedio continúan viviendo en la casa paterna sin ninguna responsabilidad. Esto nos habla de cambios en el concepto de adolescencia. Esta etapa de transición es "amorfa" ya que cambia con el correr de los años y en cada cultura tiene su matiz. Por otro lado, la visión de la adolescencia que tienen los adultos es borrosa, lo que trae consigo una despreocupación o un abandono por esta etapa.

Frente al abandono vivido, los adolescentes han construido un mundo subyacente, un mundo donde no todos pueden ingresar y donde se desarrollan las emociones, los temores y las decisiones más importantes. Ellos percibieron que no los tuvimos en cuenta en la construcción del mundo donde vivimos. Solo nos interesamos por ellos cuando tenemos rédito y en esto han caído la casi totalidad de las instituciones (colegios, iglesias, clubes, etc.)

Las causas de este mundo

67

Ahora debemos preguntarnos qué ha llevado al adolescente a crear un mundo donde las llaves solo la consiguen aquellos que tienen intereses puros, entienden sus necesidades y los ayudan.

1. Los intereses

Se dieron cuenta de que los adultos los utilizan para propósitos personales y no para ayudarlos. El potencial que les permiten desarrollar es aquel que aporta a los objetivos de las instituciones creadas por los adultos y sus deseos de realización.

2. La comparación

Los adultos creyeron que era más de lo mismo. El mundo adulto cree que la adolescencia de hoy es la misma que la de ayer y se comparan con los chicos posmodernos. Los adolescentes de hoy no quieren que se los comparen con aquellos que los han abandonado y menos aún que les digan que los entienden.

3. El mensaje externo

El mensaje que reciben del mundo adulto es corrupción, contradicción, centrarse en sí mismo, falsa seguridad en las cosas, independencia de Dios, entretenimiento pasajero, comodidad, vivir el momento, desplazamiento del foco de las instituciones en objetivos económicos y no apuntando a sus necesidades.

4. El mensaje interno

El concepto de familia ha cambiado. La familia tradicional con sus valores y principios ha sido relegada y han aparecido una serie de uniones que confunden y quitan seguridad al adolescente y al joven. El divorcio ha aumentado a un 52% y sigue en subida, por lo que la institución familia está sufriendo un gran golpe y, por ende, los chicos se ven afectados considerablemente al no tener un hábitat de seguridad para desarrollar su identidad. Esto trae como resultado una adolescencia prolongada.

Sus necesidades particulares

Frente a este panorama del adolescente integral podríamos ver que no es sencillo el ministerio que tenemos en nuestras manos. **Los adolescentes de hoy son complejos, son una generación donde viven al día en un mundo complejo.** Por esto no debemos caer en el facilismo de caratularlos de rebeldes e intratables.

Todos los seres humanos tenemos necesidades particulares en cada etapa de la vida. Algunas de ellas son un eje transversal que recorre cada paso que damos. Un ejemplo de esto es nuestra necesidad constante de amor. Por esto Jesús estableció como mandamiento el amor hacia los demás. Todos necesitamos de ánimo, afirmación, consideración, ayuda, tiempo, compromiso y guía de parte de otras personas.

El adolescente del tercer milenio es una persona que experimenta necesidades. Nosotros, como su prójimo y por ser llamados por Dios para esta misión, debemos tener en cuenta, como dice Timothy Smith, *sus clamores, conectándonos con ellos y escuchando sus corazones.* Aunque parezcan tener su vida solucionada ellos son niños necesitados, personas que necesitan saber hacia dónde se dirigen, con necesidades como la comprensión, el significado y la seguridad.

AUNQUE PAREZCAN TENER SU VIDA SOLUCIONADA, ELLOS SON NIÑOS NECESITADOS, PERSONAS QUE NECESITAN SABER HACIA DÓNDE SE DIRIGEN

No podemos afirmar con un aire de omnisciencia, que tenemos la clave o el número exacto de necesidades vitales del adolescente. Pero sí podemos establecer una base con ciertas necesidades indiscutibles, pero que, día a día, se irán acomplejando por las nuevas realidades socio- económica-culturales.

1. Necesidad de amor

Los chicos de hoy necesitan de un amor consistente. Un amor que les proporcione tiempo para construir la confianza. No basta con estar, necesitan calidad en ese tiempo donde se establezca una conexión emocional y espiritual.

Dentro de una sociedad que vive a un ritmo acelerado nos cuesta frenar del todo e invertir tiempo con los adolescentes. Sin embargo, ellos solo confiarán en aquellos que les confían algo de su tiempo.

El amor implica compromiso. Las relaciones consistentes y verdaderas se fundan en el compromiso y en el cumplimiento de las promesas. Un ejemplo es el matrimonio. Para establecer esta relación nos comprometemos a ser responsables de la vida del otro. Cuando nos negamos a este compromiso, el matrimonio comienza a perder consistencia y finalmente se evapora. Los adolescentes necesitan aprender de las relaciones comprometidas en un mundo donde las relaciones son líquidas, inconsistentes, superficiales o virtuales.

El compromiso implica estar, asistir, dar valor a las cosas del otro. Los adolescentes necesitan que estemos en esos momentos especiales, en esos momentos de grandes decisiones y que valoremos sus acciones nobles.

Afirmar a un adolescente implica observar y reconocer cada paso que realiza y cada logro que alcanza. Como agentes de cambio en sus vidas no debemos olvidar la importancia mayúscula de apoyar a los chicos con nuestras palabras. *Afirmación y dirección son elementos que no pueden faltar en nuestro compromiso con ellos y, sobre todo, debemos recordar escucharlos. No tan solo atendiendo lo que dicen, sino también sus gestos y sus silencios.*

El compromiso de amar es constante y debe ser alimentado cada día. Debemos ofrecerles a los chicos la posibilidad de ver a alguien que se compromete con ellos y no los dejará, sino que les dará una relación consistente.

2. Necesidad de seguridad

Muchas veces nos esforzamos en nuestra preparación para el trabajo entre adolescentes, pero pocas veces los preparamos a ellos para que vivan su adolescencia. En un mundo cambiante y en una etapa donde existen muchos cambios (en sus relaciones, en sus cuerpos, en sus emociones, etc.), los chicos necesitan herramientas útiles: valores claros y firmes cimentados en Jesucristo. Como líderes, maestro y padres debemos ofrecerles a los chicos la posibilidad de experimentar de primera mano su fe, pero, también una teología sólida y clara para sus vidas. Algunos puntos clave que no deben faltar en esta ancla teológica son:

- *La persona de Dios.* Sus atributos, sus cualidades, sus intervenciones, sus obras y sus propósitos deben ser claros para los chicos. Cuando vemos a un Dios que no cambia y que nada se le escapa, obtenemos una seguridad que nos permite vivir confiados. Si tenemos la convicción de que Dios es el Dios de la historia y lo vemos actuar en su soberanía y providencia, podemos tomarnos fuerte de sus brazos y experimentar una fe radical.

- *La obra de Jesucristo.* A partir de una clara concepción de la obra de Cristo por cada ser humano, tenemos la seguridad de la autenticidad y la pertinencia para hoy. Cuando entendemos lo que el amor de Cristo hizo en obediencia, nos vemos desafiados a actuar por aquellas mismas convicciones y seguros de que Dios cumplirá sus promesas. La resurrección de Cristo nos ofrece certidumbre en cuanto al perdón de Dios, su poder y su triunfo final, como afirma J. Stott, en *El Cristiano Contemporáneo.* La pertinencia de su resurrección nos

71

permite *enfrentar nuestro pasado (por más razón que tengamos de sentirnos avergonzados por el mismo), con la confianza puesta en el perdón de Dios, por medio de aquel que murió por nuestros pecados y fue resucitado; enfrentar nuestro presente (por fuertes que sean nuestras tentaciones y pesadas que sean nuestras responsabilidades), con la confianza puesta en la suficiencia del poder de Dios, y enfrentar nuestro propio futuro (por incierto que el mismo pueda parecer), con la confianza puesta en el triunfo final de Dios, de lo cual la resurrección es la prenda. La resurrección, justamente por cuanto fue un acto decisivo, público y visible de Dios dentro del orden material, nos ofrece la firme certidumbre en un mundo que de otro modo no ofrece seguridad.*

- **La Palabra de Dios.** Nuestra relación con Dios se revela en la escritura como también cada uno de los puntos teológicos que debieran enriquecer el discipulado del cristiano. En la revelación escrita tenemos los hechos, el pensamiento y los deseos de Dios para el ser humano. Es en ella que encontramos las promesas de Dios y nos anclamos a ellas. Es en la escritura que tenemos una guía para ser hombres y mujeres de Dios que impacten la vida de su sociedad. Los adolescentes deben encontrar la Palabra de Dios y entender que ella cuenta de personas como nosotros y ellos con aciertos y errores, pero con un amor constante de Dios por restaurar la humanidad. La palabra nos alienta y fortalece, la palabra de Dios tiene este efecto porque sabemos que proviene de aquél que es el más interesado por su creación. Por otro lado, los adolescentes deben escuchar una palabra de Dios pertinente para sus tiempos, no una palabra cambiada sino actualizada por la historia. Es necesario que la metodología que empleamos para transmitirla nos dé la seguridad que ha sido pertinente para sus vidas cotidianas y que los ha desafiado a tener seguridad en lo que les transmitimos es aplicable a su contexto.

- **La comunidad de fe.** Ser parte de la iglesia y servir en ella forma parte del plan de Dios para sus discípulos. Los adolescentes y jóvenes deben tener un claro concepto de lo que significa ser parte de una comunidad imperfecta y que, tanto ellos como los demás, necesitamos unos de otros. La iglesia debe ser un lugar de estabilidad para ellos y recuerda, muchas veces, se convertirá en su familia sustituta.

- **El mundo.** Debemos entender que no todo es bueno o malo en este mundo y que debemos ver la sociedad como Cristo la ve. En este aspecto es importante destacar la encarnación. Jesucristo decidió hacer su carpa entre nosotros (Juan 1), habitar en medio nuestro sabiendo nuestra condición de pecadores alejados de Dios. Sin

73

> **JESUCRISTO REALIZÓ UNA MISIÓN QUE INCLUÍA NO TAN SÓLO LA REALIDAD ESPIRITUAL DE LAS PERSONAS SINO TAMBIÉN LA SOCIAL, FÍSICA Y EMOCIONAL.**

embargo, su amor por la humanidad lo impulsó a servirla y a dar su vida por ella. Jesucristo realizó una misión que incluía no tan sólo la realidad espiritual de las personas sino también la social, física y emocional.

- **El discipulado.** La obediencia sencilla a la voz de Dios nos permite vivir una vida cristiana con dirección. Cuando escuchamos a los demás y estamos atentos a la voz del Espíritu, conocemos nuestro llamado y realizamos nuestros ministerios eficazmente. El discipulado cristiano es una vida de prestar atención y acción. Prestar atención a la voz de Dios y actuar a partir de esas palabras convincentes.

3. Necesidad de trascendencia

Muchos chicos están mirando pasar la historia sin un propósito por el cual dar su vida. Están anhelando episodios eminentes que transformen su realidad. Sin embargo, la tendencia es caer en una actitud hedonista y materialista.

Los adolescentes refuerzan su sentido de propósito en la vida, si logran entender:

- *Su procedencia:* saber de dónde venimos nos permite conocer hacia dónde vamos. Cuando negamos nuestra procedencia, vivimos enojados con una parte de nuestra vida y esto no nos capacita para seguir adelante ya que siempre volveremos a esas cosas no resueltas. La falta de perdón hacia los padres, relaciones enfermas o haber vivido circunstancias difíciles y continuar con heridas, son algunas de las cosas que nos estancan.

- *Sus cualidades:* saber que, si hemos sido diseñados exclusivamente por nuestro creador, podemos aceptarnos y comenzar a vivir con otra perspectiva y esperanza. Dios no hace chatarras y nos ha dado más de 500 destrezas para desarrollar. El diseño de Dios es un diseño inteligente y los chicos deben saberlo. Muchos de ellos han recibido el mensaje que son buenos para nada y lo han creído.

- *Sus defectos:* entender que somos seres pecadores nos hace descansar en la gracia de Dios y acudir a él por su perdón y restauración. Creer que no somos dignos del amor de Dios y la culpa, nos detienen en el camino hacia la casa de nuestro Padre. Permite que tus chicos entiendan que su Padre no los rechazará aunque hayan hecho lo peor.

- *Sus posibilidades:* entender nuestras cualidades y aceptar nuestros defectos nos abren un nuevo camino: desarrollar nuestras posibilidades como seres restaurados. Los jóvenes necesitan ser libres de la culpa al aceptar el perdón de Dios y entender que sus cualidades les abren las puertas a una infinidad de oportunidades. Como mentores debemos permitirles que las desarrollen, y quizás, la iglesia, sea el taller donde comiencen su proceso.

- *Sus responsabilidades:* como seres sociales tenemos responsabilidades con nuestro prójimo, con Dios y su creación. Entender esto nos desafiará a servirlos y que ellos sirvan a otros. Emprender servicios hacia la comunidad, ayudar a los necesitados, preservar la naturaleza, acompañar a los ancianos son algunos de los ejemplos para desarrollar sus responsabilidades.

75

- *Su después:* saber que la historia no se termina aquí, nos alienta y desafía, ya que Dios nos desafiará con cosas inimaginables en la eternidad. Los chicos creen que la vida es solo vivir el momento, sin embargo, cuando tienen una perspectiva eterna de sus vidas sus valores cambian y sus prioridades ya no serán las mismas. De esta manera, los animamos a pensarse a largo plazo y no a vivir un eterno presente.

Cómo cambiar el rumbo

No es sencillo cambiar, llevará tiempo, pero es necesario abrir los ojos y ver la situación de nuestros chicos y el abandono sistémico en el que viven. Sin embargo, como adultos que acompañamos a los jóvenes, debemos intentar comprender su mundo para ayudarlos y permitirles disfrutar de forma segura en esta etapa tan importante de sus vidas.

Para esto quiero darte, a modo de ejemplo, algunos intentos que pueden ser válidos para revertir esta situación:

▶▶ Invertir en las vidas individuales.
▶▶ Romper con la efebofobia[1].
▶▶ Acercarnos sin propósitos egoístas o segundas intenciones.
▶▶ Interesarnos en lo que pasa en su segunda capa.
▶▶ Ser confiables y comprometidos.
▶▶ Mirarlos desde una nueva perspectiva (entender sus múltiples "yo").

Para concluir, pensemos en *La fábula del idiota*:

En un pueblo indio, había un muchacho al que llamaban "el idiota". Un visitante extranjero oyó hablar del chico y quiso averiguar el por qué.

Un día, lo vio entre un grupito de gente, se acercó y observó. Algunos le enseñaban una moneda de un peso en una mano y una de cinco centavos en la otra, y le daban a elegir; el muchacho pensativo, acababa por elegir la moneda de cinco centavos y con ello causaba grandes risotadas a todos.

---

1 - Efebofobia, termino que significa temor a la adolescencia o a la juventud.

"¡Ese es el idiota!", decían provocando que varios, en el afán de reírse del muchacho, le continuaran poniendo las monedas, acabando siempre por la risa.

El extranjero indignado, llamó al muchacho y le dijo: "¿Cómo consientes tanta burla? Cuando te ofrezcan las monedas, no seas tonto y elige la de un peso, que tiene más valor y evitarás que se burlen de ti". El muchacho le contestó: "Señor, yo no soy idiota, si eligiera la moneda de un peso ganaría una vez, pero no provocaría risa ni afán de ofrecerme más monedas, mientras que eligiendo la de cinco centavos cada vez, he reunido muchísimo más dinero que un peso y ellos siempre tienen ganas de ofrecérmelas otra vez para reírse".

La apariencia del adolescente nos puede llevar por un camino equivocado. Podemos caratularlos de una manera que no nos permita conocerlos realmente y menos aún servirlos con excelencia. Descubramos, como el extranjero, quiénes son los adolescentes en verdad y no nos conformemos con decir *"Déjalos, son adolescentes, no valen la pena".*

77

6

EL MENTOREO EN EL ——

TIEMPO

Cómo pensar el cuidado pastoral a largo plazo

¿Por qué pensar un mentoreo a largo plazo?

1. Porque trabajamos con seres humanos que tienen una historia, una familia, un contexto, una cultura y por lo tanto, conocer, entender y ayudarlos nos demandará *tiempo*.

2. Porque vivimos en la celeridad de los eventos y somos irrespetuosos de los procesos. Los procesos físicos, emocionales, intelectuales, sociales y espirituales se desarrollan en el *tiempo*.

3. Porque el crecimiento saludable en todos los aspectos de la naturaleza se dan en el *tiempo* y no de forma instantánea.

4. Porque las comunidades de fe se ven afectadas por el síndrome de "El líder de turno" y no tienen un proyecto de Iglesia (algo muy similar sucede con los países latinoamericanos, no así en países como Escocia donde un grupo de representantes sigue adelante con los valores, la visión y la misión que el país tiene). Esto provoca que los ministerios juveniles vuelvan a cero cada vez que cambia el liderazgo.

Algunos paradigmas esenciales de una pastoral de proceso

Una de las grandes deudas del mentoreo en el ministerio juvenil ha sido la falta de planificación y el no pensar a largo plazo. Para poder realizar un proyecto de cuidado es importante tener en claro ciertos paradigmas o modelos de cuidado de personas que nos orientarán en el camino:

81

1. Cuidar y asesorar integralmente

Lucas 2:52 nos dice que Jesús siguió creciendo en *sabiduría* y *estatura*, y cada vez más gozaba del *favor* de *Dios* y de toda la *gente*.

Aquí vemos que Jesús se desarrollaba en tres aspectos:

I. Crecía en sabiduría

La sabiduría en el contexto hebreo (*jokmah*) era eminentemente práctica. Era una sabiduría que descendía a las pequeñas cosas de la vida. *Para el judío la sabiduría no solo implica el conocimiento intelectual sino también tener la capacidad de integrar ese conocimiento a situaciones cotidianas.*

Jesús crecía en este aspecto y el desafío que tenemos en el cuidado pastoral es acompañar al joven a adquirir esta sabiduría en las decisiones cotidianas. Ahora bien, en Proverbios tenemos la clave para tomar estas decisiones con sabiduría. En el capítulo 1:7 nos dice:

> *El principio de la sabiduría es el temor de Jehová; Los insensatos desprecian la sabiduría y la enseñanza (RVR 1960)*

Para el hebreo, la clave de una vida recta y abundante era tener a Dios presente en cada decisión. Por esto, *temor* aquí significa un respeto por lo que el otro es (autoridad) y dice (sus declaraciones). Jesús entendía la autoridad de Dios Padre y lo evidenciaba aun en las decisiones más difíciles (en el jardín del Getsemaní afirmó que era su deseo no pasar por el momento de dolor, sin embargo era más importante para él hacer la voluntad de su padre).

Traducido a cuestiones de mentoría, es importante acompañar al joven en el proceso de comprender que Dios desea lo mejor para él y lo acompañará en sus decisiones cotidianas. Pero también acercar al joven a la palabra de Dios como fuente de la sabiduría.

Harold Segura afirma que *para los judíos, la sabiduría procede de la consideración de la voluntad de Dios como la norma para ordenar el estilo de vida. Sabio, en este sentido, no es el que más conoce, sino el que mejor vive, o el que hace del conocimiento adquirido una fuente de vida verdadera. Es una virtud práctica, no teórica, que, aunque no desconoce el valor del saber intelectual, afirma la centralidad de los valores de la vida diaria y la formación del carácter de la persona. El asiento de la sabiduría es el corazón, que es el centro de las decisiones morales e intelectuales (1Reyes 3.9, 12).*

> SABIO, EN ESTE SENTIDO, NO ES EL QUE MÁS CONOCE, SINO EL QUE MEJOR VIVE, O EL QUE HACE DEL CONOCIMIENTO ADQUIRIDO UNA FUENTE DE VIDA VERDADERA

83

II. Crecía en... estatura

Jesús crecía, además, en «estatura» (*helikía*). Esta palabra está asociada a la edad y al tamaño físico. Con ella se presenta el desarrollo físico del niño Jesús, poco diferente al de la mayoría de los niños y las niñas de su época.

Crecer en estatura implica cuidar el cuerpo y promover la salud, tiene que ver con la nutrición saludable, el abrigo, la recreación y el juego, entre otras condiciones. En la tradición judía el cuerpo es objeto de cuidado especial por ser una creación de Dios y un don excepcional de su gracia como también respetar el proceso de desarrollo propio de cada etapa.

La pastoral juvenil se enfrenta a uno de los grandes desafíos de trabajar temas que estén relacionados con el buen cuidado del cuerpo. De aquí se desprenden temáticas que tienen que ver con el uso del tiempo libre, con la sana alimentación, con la prevención en diferentes adicciones, los trastornos alimenticios, etc. Implica que desde la pastoral juvenil se traten estos temas con profesionales de cada área y les demos herramientas a los jóvenes para prevenir estas problemáticas o ayudarlos a salir de las mismas.

III. Cada vez más gozaba del favor de Dios y de toda la gente (y en gracia para con Dios y los hombres (RVR 1960)

84

Además de sabiduría y estatura, el desarrollo de Jesús se muestra también en «*gracia para con Dios y los hombres*». La gracia (*járis*) tiene que ver con «la influencia divina sobre el corazón, y su reflejo en la vida»; y «significa la presencia de Dios en el mundo y en la historia». Gozar de «*gracia para con Dios*» expresa, en el caso de Jesús, que tenía una relación saludable con su Padre y que progresaba en el aprendizaje de las Escrituras y en las prácticas de fe, lo cual era natural dentro de una familia judía.

Esto implica que es esencial, para nosotros como mentores, proveerles de recursos para desarrollar una relación sana con Dios y crecer en ella.

Pero Jesús no sólo gozaba de una relación significativa con Dios el Padre, sino también con la comunidad en la cual vivía (amigos y amigas, familia, vecinos, miembros de la sinagoga y otras personas). Crecía en gracia para «*con los hombres*», es decir, gozaba de cariño, cuidado, admiración, solidaridad, amor, simpatía y otras expresiones de la *gracia* de la comunidad, tan necesarias para todo desarrollo humano. Ambas dimensiones, tanto el desarrollo espiritual («*gracia para con Dios*») como el desarrollo afectivo-social («*gracia para con los hombres*»), son manifestaciones evidentes de la bendición o favor de Dios sobre una persona. Un caso similar de este crecimiento armónico —con *gracia* para con Dios y *agraciado* ante la comunidad— se encuentra en la vida del joven Samuel: «*Mientras tanto, el joven Samuel iba creciendo y haciéndose grato delante de Dios y delante de los hombres*» (1Samuel 2.26).

La implicancia práctica para la pastoral juvenil tendrá que ver con proveer a los jóvenes un espacio sano, una comunidad que encarne los valores que profesa y en ese ambiente crecer sanamente. Pero también implica que ellos sean capaces de vivir en su comunidad ampliada (familia, amigos, compañeros, etc.) de una forma que no se aíslen, sino que participen y sumen en estas relaciones tan significativas para su desarrollo. Una de los grandes errores de la pastoral juvenil en años ha sido la de reclutar jóvenes y aislarlos de sus vínculos.

> UNA DE LOS GRANDES ERRORES DE LA PASTORAL JUVENIL EN AÑOS HA SIDO LA DE RECLUTAR JÓVENES, Y AISLARLOS DE SUS VÍNCULOS.

2. Transmitir la perspectiva de la vida de Jesús

Como desarrollé en el capítulo 3, la educación en el contexto judío del siglo I era de suma importancia para el desarrollo de los jóvenes. Llegar a ser un buen estudiante no solo requería conocimientos sino también una disposición al aprendizaje práctico de la vida.

En Mateo 4:18-22 vemos a Jesús recorriendo la playa. Allí observa a un grupo de muchachos trabajando junto a su padre. En ellos vio la capacidad y el potencial para ser como él. Por esto los invita como hacían el rabí judío: "ven y sígueme". Sin embargo, vemos que estos jóvenes estaban realizando la labor paterna, eran pescadores. Esto significa que no habían llegado a la elite en sus estudios, no eran lo mejor, no habían llegado al tercer ciclo de aprendizaje. Ningún rabí los había aceptado y los habían mandado a trabajar en el oficio de sus padres.

Jesús ve potencial en ellos para ser como él. Los jóvenes galileos vulgares (eran reconocidos por su vocabulario) y toscos podían ser como Jesús. Esto nos da esperanzas en el grupo juvenil, los jóvenes pueden ser como él.

Jesús, les dijo en una oportunidad:

»Vengan a mí todos ustedes que están cansados y agobiados, y yo les daré descanso. *Carguen* con mi *yugo* y aprendan de mí, pues yo soy apacible y humilde de corazón, y encontrarán *descanso* para su alma. **Porque mi yugo es suave y mi carga es liviana.**»

El yugo era un símbolo de la interpretación sobre la vida que tenía el rabí. Era la cosmovisión que había desarrollado a partir de su interpretación de las Escrituras.

Los jóvenes están cansados y agobiados. Necesitan descanso para sus almas. Pero también necesitan a alguien apacible y humilde de corazón. Necesitan un *yugo*, una perspectiva de la vida suave, una carga liviana. No el yugo pesado que destruye las espaldas, que agota y parece imposible de cargar. Existe una disposición a aprender del maestro Jesús, por lo tanto el desafío es transmitirles el yugo de Jesús. Es decir, cómo Jesús ve la vida.

3. Desarrollar la autonomía y responsabilidad individual

Una de las grandes problemáticas en la que se ha visto involucrada la pastoral juvenil en años ha sido el desarrollo de una dependencia obsesiva o "pastoral paternal". Se describe a la pastoral paternalista como al "pegoteo" de parte del mentor que provoca una excesiva dependencia en cada decisión de la vida.

Jesús desarrolló un paradigma pastoral diferente. Si nos acercamos a dos relatos neotestamentarios, como el evento personal que tuvo con el joven dirigente o rico (como traducen algunas versiones) y la conocida Parábola del hijo pródigo, podremos observar que su pastoral no implicaba una dependencia automatizada de los involucrados:

El joven rico era un típico muchacho judío que desde pequeño había aprendido lo bueno y lo malo. También era parte del ceremonial y conocía la liturgia de memoria. Seguramente, era un joven con una carrera o quizás un dirigente de la comunidad, también conocía perfectamente la Torá y el resto de las escrituras.

Se acerca a Jesús con el objetivo de cerrar el círculo de su fe. Había aprendido desde pequeño todas las cosas relativas a sus antepasados y ahora quería disfrutar de la promesa de la "vida eterna". Esta no se refería a la vida eterna que los cristianos concebimos sino que significaba una relación de justificado delante de Dios

87

y la promesa de permanecer en un descanso eterno.

Lo interesante de este relato, y lo que me gustaría enfatizar, es que Jesús le propone el camino para alcanzar esta justicia: vender sus posesiones, entregarlas a los pobres y luego repite nuevamente la frase "ven y sígueme" que había pronunciado frente a sus discípulos primigenios. Este joven tenía la posibilidad de ser el 13vo discípulo de Jesús y, seguramente, hubiera quedado en la historia de la Iglesia como aquel joven que dejó sus "seguridades" para arriesgarse a seguir a Dios. Él decidió seguir seguro con sus riquezas, con lo que había logrado y bien merecía. Tomó una decisión: seguir adelante con la vida que había construido. Frente a esta decisión Jesús toma otra decisión, dejarlo ir. Este es el paradigma que Jesús plantea: "dar la oportunidad de rechazarlo".

La pastoral que no permite la oportunidad de rechazar a Jesús es una pastoral paternalista, que busca *forzar* una decisión que debería ser realizada respetando la autonomía y la intimidad de la persona. En Latinoamérica tenemos un término para los políticos que deciden según el líder y no según sus convicciones, *clientelismo*. La pastoral paternalista o clientelista reproduce sujetos vejados y autómatas espirituales.

Ahora bien ¿qué desafío representa esto para nosotros como mentores?:

- Entender que sus decisiones traen consecuencias y que nuestra labor es preventiva, confrontativa, pero también de contención.

- Entender que las decisiones que tomen forma parte de su proceso madurativo.

- Entender que debemos respetar sus decisiones

y enseñar al joven que sus decisiones afectan a otros que lo aman.

El hijo pródigo, que es uno de los personajes de la conocida parábola de Jesús, representa el mismo paradigma de "dar la oportunidad de rechazarlo". Aquí Dios es representado por el padre del hijo menor. Éste decide alejarse del padre y vivir alejado de los valores que le habían enseñado por siempre.

La actitud del padre debería representar la actitud en el cuidado pastoral. Los jóvenes van a decidir muchas veces renegar de su fe y de aquellas personas que representan esa fe (padres, iglesia, etc.). Ahora bien, la actitud tradicional frente a esto es condenar al joven al "fuego eterno" o etiquetarlos de "alejado de Dios", en parte es correcto que está alejado, pero me gusta pensar que *no se aleja de Dios por Dios mismo, sino más bien por aquellos que deberían ser un modelo de credibilidad de ese Dios.* Personas que encarnan los valores y viven acorde al amor y la gracia de Dios. Los jóvenes

LOS JÓVENES ESTÁN EN LA BÚSQUEDA DE MODELOS, DE PADRES QUE LOS RECIBAN CON LOS BRAZOS ABIERTOS

89

están en la búsqueda de modelos, de padres que los reciban con los brazos abiertos, aún cuando se hayan equivocado, como el padre del hijo pródigo.

Ahora bien, ¿qué desafío representa esto para nosotros?:

- Entender que la pastoral a largo plazo implica esperar con los brazos abiertos a aquellos que han tomado decisiones desacertadas, aún cuando les prevenimos de ellas.

- Entender que el perdón y la gracia son los elementos constitutivos de este paradigma.

- Entender que muchos jóvenes pre-cristianos[1] y post-cristianos[2] están esperando de los ministros juveniles esta gracia de "brazo abiertos".

4. Proveer un espacio y recursos para la misión

Durante mucho tiempo se pensó que la comunidad Iglesia debía proveer al joven un lugar "seguro" que lo cuidara de aquellos malos hábitos que se desarrollaban en otros espacios. Sin embargo, vemos que Jesús nunca planteo una "espiritualidad de puertas para adentro" sino que propuso que sus discípulos mantuvieran una relación estrecha con el Padre y que "vayan – mientras caminan o viven la vida cotidiana- y hagan discípulos". Esto implica que la pastoral juvenil debe proveer un espacio, pero *no para que los jóvenes se detengan en su misión*, sino que todo lo contrario, este espacio debe proveerles recursos y estrategias para seguir adelante en su misión en cada espacio donde se desarrollen.

Pensemos en nuestra actividad juvenil como en una fuente de agua en medio de un desierto donde el joven pasa, bebe y sigue camino. La misión del joven no está en las cuatro paredes que hemos creado para reunirnos, su misión está en su casa de estudios, en su reunión de amigos, en su familia, etc. Los jóvenes no sirven en el templo, sirven en la sociedad. Como alguien dijo:

La iglesia se relaciona con la sociedad para que la sociedad crezca, y no para que la iglesia se llene.

1- Llamo así a los jóvenes que están en una búsqueda espiritual, pero que no quieren afiliarse a ninguna religión particular. Generalmente, les impacta la vida de Jesús.
2- Llamo así a los jóvenes que han tenido una mala experiencia eclesiástica y descreen de la institución, pero no de Jesús.

Hechos 1:8 nos dice que Jesús prometió que sus testigos tenían una misión en Jerusalén – que representaba para los primeros discípulos a sus amigos, vecinos y más cercanos-, en Judea y Samaria – que representaban aquellos que política y religiosamente estaban en desacuerdo con los judíos de Jerusalén -, y hasta los confines de la tierra – lo que representaba el mundo conocido, quizás Grecia, Roma, Asia y todo lo que representaba cada uno de estos sectores-.

Los jóvenes no deben ser limitados por nuestro paradigma de "puertas adentro" sino que deben disfrutan del paradigma de "fuente de agua" y desarrollar su misión en las diferentes áreas de la sociedad y de esta manera, cumplir el mandato cultural que tenemos como comunidad de fe.

Propuestas prácticas para desarrollar un cuidado pastoral a largo plazo

91

Una experiencia ministerial

Hace unos años, y junto a un equipo de personas maravillosas, desarrollamos un trabajo de mentoreo en la Iglesia Presbiteriana San Andrés de Olivos, en la provincia de Buenos Aires (Argentina) con un grupo de jóvenes de contexto socio-cultural privilegiado (entiéndase clase socio-económica media y alta).

Durante el primer tiempo de diagnóstico de la situación de los jóvenes y sus necesidades, entendimos que debíamos enfrentarnos al desafío volviendo a ciertos principios que quizás habíamos olvidado. Volver a estos principios hoy nos permite pensarnos a largo plazo y acompañar con un compromiso durable a los jóvenes de esta comunidad. A continuación comparto estos principios metodológicos:

1) Centralidad de la Biblia.

Durante mucho tiempo pensamos que la centralidad de la pastoral juvenil estaba en el evento semanal o en la propuesta de campamento que realizáramos cada año. Sin embargo, hemos notado que el desgaste que produce pensar y mantener esto agota al equipo como también a los jóvenes. Tener algo novedoso cada semana no producía ningún cambio y tampoco proveía al joven de herramientas para su diario vivir.

Fue así que entendimos que la Biblia nunca pierde vigencia y que los jóvenes están muy interesados en lo que Dios dice. Entonces, nos dimos cuenta que debíamos cambiar de propuesta, Dios tomaría las riendas de la programación juvenil. Cada semana nos sorprende con su Palabra y cuánto descubren los jóvenes en ellas. Lo único que hacemos nosotros como equipo es guiarlo con algunas preguntas y cerrar el tema con algún pasaje que refuerce el principio aprendido. Esto le ha dado un valor agregado a la pastoral y ha sumado a muchos jóvenes pre-cristianos, cristianos y post-cristianos que por años esperaron esta propuesta: volver a la Biblia.

2) Volver a las disciplinas espirituales.

Durante algunos de estos años hemos desarrollado un programa titulado ENTRENAMIENTO ESPIRITUAL donde trabajamos diferentes disciplinas espirituales nombrándolas con verbos en infinitivo[3]. Aquí el programa estipulado para un año:

92

3- La propuesta es sintetizar en este verbo la enseñanza del pasaje bíblico, que generalmente, es una historia. De esta manera, los jóvenes tienen en mente la enseñanza y el desafío en una sola palabra.

Objetivos:

- Profundizar en aquellos hábitos que son esenciales para un proyecto de vida sano.

- Ampliar los conocimientos teórico-prácticos sobre la espiritualidad cristocéntrica.

- Desarrollar la capacidad de establecer relaciones interpersonales y amplitud de pensamiento frente a la diversidad.

- Generar recursos para afrontar los desafíos de esta etapa de crecimiento.

Contenidos / Verbos:

Etapa I – Año 1

1. Introducción al ENTRENAMIENTO ESPIRITUAL: disciplinas espirituales / marco bíblico. (se explica qué son las disciplinas espirituales y que no son. De esta manera, podemos trabajar sobre los conceptos equivocados que muchas veces tenemos).

2. ¿Qué significa ser un discípulo de Jesús? Discipulado en el mundo hebreo y su conexión con la cultura posmoderna (aquí desarrollamos el contexto educativo judío del Siglo I y la importancia de convertirnos en discípulos de Jesús, abrazándolo como el Señor y guía de nuestro camino).

3. VER / Éxodo 3-4.

4. PERMANECER / Juan 15.

5. SER / Hechos 2:42-47.

6. CONVERSAR / Mateo 6.

7. CONFESAR / Juan 8:1-11.

8. FRENAR / Mateo 6: 25-34.

9. DAR / Marcos 12:41-44.

10. SERVIR / Juan 13:1-17.

11. CALLAR / 1 Reyes 19.

12. PENSAR / 2 Pedro 1.

13. LEER / Salmo 119.

14. SEGUIR / Mateo 18.

15. AVANZAR / Números 13.

16. MEDITAR / Salmo 1.

17. LLORAR / Juan 11.

18. ESCUCHAR / Mateo 7.

19. TOCAR / Marcos 8.

20. PERDONAR / Mateo 18.

21. AMAR / 1 Corintios 13.

22. SINERGIZAR / Lucas 9.

23. AGRADECER / Lucas 17.

24. SOÑAR / Jeremías 29:11.

25. PRACTICAR / Mateo 7.

Por email enviamos el pasaje bíblico para que sea leído y reflexionado individualmente y luego, nos reunimos para hacer una puesta en común y reflexionar sobre las implicancias que tiene este verbo en nuestro diario vivir. Partimos de algunos conceptos para poder darle un marco teórico y luego trabajamos pasajes conocidos de la Biblia que representan un desafío.

En nuestro primer encuentro aclaramos que eran las disciplinas espirituales de la siguiente manera:

¿Qué son las disciplinas espirituales?

Vamos a comenzar respondiendo a esta pregunta aclarando lo que *no son las disciplinas espirituales*:

1. **No son un medidor de la espiritualidad:** el verdadero medidor del bienestar espiritual es el crecimiento en la capacidad de amar a Dios y a los demás.
2. **No tiene por qué ser desagradable:** cuando sabemos para qué nos estamos entrenando, las disciplinas tomarán otro color.
3. **No son una forma de ganar el favor de Dios:** las disciplinas espirituales solo son una forma de apropiarse de la vida que Dios ofrece y de crecer en ella.

Definimos, entonces, a las disciplinas espirituales como **a toda actividad que me puede ayudar a adquirir poder para vivir de la manera que Jesús enseñó y de la cual dio ejemplo.**

Este regreso a las disciplinas espirituales está desafiando a cada segmento de jóvenes en nuestra comunidad[4].

95

4- El proyecto educativo de la disciplinas espirituales es de cinco (5) años con una cantidad de ciento veinticinco (125) verbos aproximadamente, aunque día a día descubrimos más.

3) Trabajo en red.

Uno de nuestros pilares en la pastoral juvenil es trabajar con un equipo interdisciplinario. Para esto, nuestra comunidad de fe cuenta son SOF (Servicio de Orientación Familiar), un grupo de profesionales en diferentes áreas que proveen orientación psicológica, médica, social y pastoral.

4) Proveer relaciones sanas.

Creemos que cada joven debe disfrutar de sus relaciones y debe poder compartir con ellas lo que cree. Para esto, nuestros espacios de encuentro están pensados para aquellos que no son parte de la comunidad. Esto implica, sobre todas las cosas, no tener una agenda oculta o invitar a nuestros amigos para "enchufarles" nuestro cuerpo de doctrina o convencerlos. Sino que nuestra propuesta es que ellos disfruten de un tiempo ameno y que puedan llevarse algún recurso espiritual para su vida. Esto alienta a invitar a los amigos y a tener amigos fuera del ámbito eclesiástico.

5) Proyectar la tarea pastoral a largo plazo.

Nuestro proyecto pastoral implica todas las etapas de la vida, y se piensa en un todo o macro proyecto. Por ejemplo, tenemos un proyecto de pastoral hacia la niñez, luego una para los adolescentes y también para los jóvenes. Pero esto no queda aquí, sino que también existe una pastoral para el joven adulto, el adulto, el adulto mayor y los matrimonios. Esto nos permite pensar a largo plazo y acompañar a la persona en cada una de sus etapas de crecimiento con recursos acordes.

6) Repensar el rol pastoral continuamente.

Siempre es importante repensar el rol pastoral. Más aun en la posmodernidad, debemos replantearnos cuál es nuestra labor en medio de una sociedad llena de desafíos y cambios. En la pastoral juvenil, sin lugar a dudas, el rol es desafiado a cada instante ya que la cultura juvenil es cambiante. Esto nos lleva a pensar, hoy más que nunca, en la importancia de trabajar con las familias de los jóvenes y con aquellas instituciones que acompañan su proceso de formación. Para esto debemos involucrarnos en el proceso de formación junto a los padres y también junto a sus colegios y/o universidades, de las cuales forman parte. La comunidad iglesia debe desarrollar recursos útiles para las familias y para las instituciones educativas. Quien esté involucrado en la pastoral juvenil tiene el valor agregado de conocer a los jóvenes y por lo tanto, tener un panorama completo de las necesidades familiares y las problemáticas educativas. Esto representa una oportunidad de ser relevantes en medio de la formación integral del joven.

7

EL MENTOREO NO ES UN
JUEGO

El cuidado pastoral no es juego, aunque sea desafiante. Esto es así porque hay vidas involucradas. Por esto, debemos siempre evaluar objetivamente el proceso que llevamos adelante. Pocos tienen esta capacidad de repensar el servicio y, quienes la tienen, lo hacen desde adentro, lo que nos lleva a perder grandes posibilidades de crecer como ministerio y seres humanos por el hecho de no ser objetivos. Por esto, creo que debemos, constantemente, repensar la pastoral juvenil y evaluar si estamos recorriendo el camino que trazamos o estamos perdidos.

POR ESTO, CREO QUE DEBEMOS, CONSTANTEMENTE, REPENSAR LA PASTORAL JUVENIL Y EVALUAR SI ESTAMOS RECORRIENDO EL CAMINO QUE TRAZAMOS O ESTAMOS PERDIDOS.

Los siguientes puntos representan algunas reglas que nos pueden servir para desarrollar un ministerio sano, con mayor apertura hacia la misión que tenemos: la sociedad juvenil.

1. Mentoreo embarazado

Queridos hijos, por quienes vuelvo a sufrir dolores de parto hasta que Cristo sea formado en ustedes. Gálatas 4:19

Uno de los fuertes principios posmodernos es que cada compromiso es a "corto plazo", nada a "largo plazo". Esto a perjudicado la pastoral juvenil y como consecuencia hoy no podemos entender que la espiritualidad del joven es un proceso que debemos respe-

101

tar. Muchas veces abortamos este proceso de conocer a Jesús. Es por esta causa que los ministerios juveniles no son espacios para "pecadores evidentes", sino sólo para aquellos "maduros" y que ahora saben pecar sin ser tan evidentes.

En la iglesia no tenemos fumadores, prostitutas y pecadores sinceros porque no soportamos el proceso. Abortamos el nuevo nacimiento y perdemos todos. Somos aguafiestas del cielo. Creo que si Pedro hubiera sido miembro de una de nuestras iglesias lo hubiéramos etiquetado de muchas cosas y no hubiéramos esperado el proceso que esperó Jesús para verlo nacer de nuevo y crecer. "Nada a largo plazo" significa moverse continuamente, no comprometerse y no sacrificarse. Los ministerios juveniles están preocupados por ser dinámicos y enfatizan la movilidad continúa, pero poco se preocupan por ser comprometidos y sacrificados con las necesidades de los jóvenes. He visto ministerios hermosos, que tienen grandes encuentros, fantásticos campamentos y grupos eficientes, sin embargo he visto pocos ministerios que apuestan al compromiso con la realidad del joven, lo entretienen pero no lo acompañan en los momentos de dolor o simplemente en su diario vivir. Creo que para impactar a los jóvenes de hoy debemos tener ministerios *slow*. Pero antes, una aclaración, lento no significa muerto, sino que tengamos como premisa los siguientes puntos:

I. Reflexionar, no buscar el éxito por la celeridad de los eventos, sino por el proceso.

Crecer y madurar es cuestión de tiempo. Debemos darles tiempo a los jóvenes y no exigirles adelantar este proceso ya que podría traer como consecuencia un nacimiento debilitado, prematuro. La iglesia primitiva respetaba mucho el proceso de discipulado.

Adiestraba a los catecúmenos y tenían un maestro, un referente que los acompañaba durante un período de tiempo, hasta que el discípulo entendiera cada punto de la fe cristiana y lo que implicaba para su vida. Hoy debemos hablar de mentores que acompañan el proceso seriamente y buscar el crecimiento sano de cada joven. Los jóvenes, más que eventos, necesitan nuestra presencia en el proceso de su fe. La clave es no ser abortivos. El ministerio juvenil no es coercitivo, avasallador, combativo, sino más bien suave y delicado como una partera, porque sabe que dar a luz lleva su tiempo y que no se puede apurar sin causar un daño letal (metáfora de Kierkegaard, citado por Brian McLaren en *Más preparado de lo que piensas*, Ediciones Kairós. 2006). Cuando respetamos el proceso de espiritualidad en el joven, ganan todos, el joven mismo y el ministerio, ambos crecen sanos y se desarrollan. Los eventos no pueden compensar los procesos.

103

II. Desarrollar vínculos fuertes y comprometidos.

Fuertes vínculos, no débiles, como aquellos que cita Sigmun Bauman en su obra *Amor Líquido,* donde la tecla delete nos permite matar una relación, donde las relaciones son de bolsillo y las sacamos cuando las necesitamos. Hoy solo nos juntamos con aquellos que piensan igual que nosotros y esto nos ha cortado la posibilidad de hablar un idioma universal, neutro para que todos nos entiendan, esto cortó la comunicación (Ej.: *La Gran Comisión, Cruzadas, Campañas, ganar almas, apartados, convertidos, pescadores de hombres,* etc.)

HOY SOLO NOS JUNTAMOS CON AQUELLOS QUE PIENSAN IGUAL QUE NOSOTROS Y ESTO NOS HA CORTADO LA POSIBILIDAD DE HABLAR UN IDIOMA UNIVERSAL

¿Qué sucede si uno de tus jóvenes camina por la calle con una playera que diga "soy pescador de hombres"?

Opción 1: celebrarías su acto de fe y su compromiso con la Gran Comisión.

Opción 2: dudarías de su identidad sexual y pensarías en dar alguna charla sobre el tema.

Una vez le pregunté a un grupo jóvenes, que simpatizaban con el cristianismo y a otro grupo que no, lo siguiente: ¿qué significa para vos la frase "Gran Comisión"? ¿Qué es lo que viene primero a tu cabeza?

Respuesta de los cristianos: evidentemente se refiere al gran mandato de Jesús de predicar a todas las personas del mundo.

104

Respuesta de los no cristianos: creemos que se refiere a una gran venta y que como resultado de haber vendido algo recibís una gran comisión.

El ministerio juvenil es, muchas veces, un ghetto cerrado donde todos deben pensar igual y en el que, quien no lo hace, es un candidato a ser eliminado, implícita o explícitamente. Los ejércitos de la OTAN tienen la característica de mantener su cultura a pesar de vivir en diferentes países. Los soldados se encierran en sus cuarteles y tiene su música, su comida, su lenguaje, etc. Y no tienen contacto con el mundo exterior. Por esto, son llamados *ratas de cuartel*. Muchos cristianos se han convertido en *ratas de iglesias*. Tiene su lenguaje, su música y todas las demás cosas "no contaminadas", santas, no mundanas o paganas. Esta perspectiva de la vida en comunidad ha cortado el diálogo con la sociedad. Hoy somos vistos como gente encerrada en sí misma y la estructura edilicia de la iglesia nos ha servido para refugiarnos del mal, pero no para ser luz en medio de las personas.

2. Mentoreo sensible

En el mundo posmoderno se vive siendo esclavo de la celeridad. Corremos de un lado a otro, buscamos cumplir con todos los compromisos y aún así no nos alcanza el tiempo. No podemos dormir pensando en lo que tenemos por delante el próximo día. Los tiempos no se han acortado, nuestra vida se ha sobrecargado y, por ende, limitado. Nada contribuye a tomarnos un descanso y reflexionar sobre lo que vivimos. Como resultado de esto, el mentoreo se ve afectado.

En primer lugar, la celeridad no nos permite apreciar los detalles del servicio que estamos realizando y, específicamente, no nos permite ver el potencial de los jóvenes. En segundo lugar, nos volvemos inflexibles por temor. Esto ocurre cuando creemos que todo se nos va de las manos, lo que refleja que queremos tener todo en nuestras manos y, como consecuencia, nos amoldamos a lo que siempre hicimos, a lo que el molde nos determina. Y, en tercer lugar, no nos permite reflexionar, evaluar, cuestionar lo que hacemos. Romanos 12:2 nos da algunas pautas, que nos pueden servir para comenzar a ver lo que nuestros ojos no nos permiten, a causa de la celeridad posmoderna en la que estamos sumergidos:

o ***No se amolden al mundo actual***
Pierre Bourdieu (sociólogo y antropólogo francés, autor de *La reproducción*, no temas leer este libro) afirma que todo modelo que busca legitimar el poder y perpetuarse es perverso. Los moldes no son naturales, son dados para limitar el accionar del libre pensador. Los moldes han debilitado la iglesia. En mi experiencia pastoral he visto que en el momento

que se quiere copiar un modelo ministerial se ha fracasado. Cada grupo juvenil tiene sus características particulares, sus necesidades concretas y su contexto socio-cultural. Amoldarse es acomodarse y estar cómodos es uno de las mayores tentaciones del cristiano. Un cristiano cómodo no gravita en su comunidad y como consecuencia no desarrolla la misión que tiene por delante. Hoy existe una adicción a los modelos de éxito, sin embargo los que se han desarrollado de forma sana y han logrado sus objetivos son aquellos que se gestan dentro del mismo grupo, bajo un serio análisis de las necesidades de la comunidad juvenil y el servicio que se le podía prestar, sin dobles intenciones.

- ○ *Transformados mediante la renovación de su mente*

En el imaginario eclesiástico la palabra renovación tiene que ver con aquellas manifestaciones carismáticas contemporáneas y con cambiar las formas de la liturgia. Sin embargo, renovar significa llevar eso viejo a nuevo, no significa cambiarlo. Cuando Pablo habla de renovar se refiere a sacudir el polvo y restaurar algo. El ministerio juvenil necesita ser sacudido, sacarse el polvo, necesita ser restaurado. Jesús vino a sacudir varias cosas que estaban llenas de polvo, miremos algunos ejemplos: el *trato hacia las mujeres, la estructura del poder religioso, el liderazgo político, la historia, por nombrar algunos.*

¿Qué cosas deberíamos renovar en el ministerio juvenil que se han alejado del propósito de Dios? ¿Qué cosas responden a un interés personal y no al interés divino? ¿Nos echaría, Jesús, del ministerio juvenil o estamos a tono con su espíritu? ¿Daría vuelta nuestro ministerio, como lo hizo con la mesas de los comerciantes en el templo?

Jesús no tuvo temor de desarrollar una pastoral fuera del molde tradicional. Cuestionó aquellas cosas dadas que iban en contra del propósito de Dios y comprobó la voluntad de Dios en el potencial de los discípulos, creyendo en ellos, a pesar de ellos. Jesús no tuvo un ministerio discreto y dócil. Tuvo un ministerio osado, audaz, pero con un objetivo claro: cambiar lo que no era inspirado en el amor a Dios y al prójimo.

3. Mentoreo auténtico

Este es uno de los mayores obstáculos que presenta la iglesia hoy. Hay muchos ilusionados con fulano o mengano, pocos ilusionados con Dios. Todos somos buenos viejos pecadores y nadie sabe que somos potencialmente desilusionadores. Para que nuestros ministerios sean creíbles, los mentores o facilitadores debemos ser creíbles. Seamos auténticos, genuinos, no tratemos de mostrar algo que no somos. No formemos una imagen incorruptible y competente, sino frágil, dependiente. Solo así, los demás podrán resistir el temblor que provoque nuestras caídas. Solo así nos verán como uno más que necesita ser restaurado, levantado, ayudado. Los especialistas en comunicación dicen que la autenticidad es el rasgo más poderoso de una persona que se presenta frente a un público. Nada puede sustituir su credibilidad. Jesús fue auténtico:

Hay muchos ilusionados con fulano o mengano, pocos ilusionados con Dios

Exhibía una extraordinaria vulnerabilidad

No ocultó en su bolsillo los bordes desordenados de la vida y las emociones que la mayoría esconde cuidadosamente: la aflicción y el júbilo, la dependencia y el cariño, la angustia y la necesidad. Los siervos de Dios son sensibles y vulnerables, no tienen temor de mostrar aquellas cosas que podrían "hacerlo real".

Ejemplo: Uno de los chicos del ministerio juvenil en la iglesia donde colaboro en este momento comenzó el año transmitiendo su deseo sobre las expectativas que tenía: *él quería conocer gente de carne y hueso y aprender a serlo.*

- ### Hablaba con sorprendente franqueza

Sus palabras transmitían constantemente amor sincero y un sentimiento profundo de piedad. Pero cualquiera fuera su mensaje Jesús no abandonaba su franqueza.

Ejemplo: Lucas, de 15 años, me dijo: *pocos son los lugares donde puedo hablar con franqueza sin que me juzguen por lo que digo. ¿Te puedo hacer una pregunta?* (indagó con una actitud de preocupación y desconcierto) *Dios ¿violó a María para que tenga a Jesús? ¿Tuvo una noche buena antes de la noche buena?* Tuve que pensar la respuesta varias veces.

- ### Se hacía sorprendentemente accesible

Hoy dicen que la familiaridad produce desdén. Los grandes hombres exitosos de Dios son los menos accesibles, sin embargo Jesús fue terriblemente diferente a ellos. Era tan accesible que los niños se le colgaban, las prostitutas le lavaban los pies, los enfermos le tocaban la ropa. Él se ubicaba continuamente con la gente.

Ejemplo: la peor tentación del mentor es que los grandes compromisos nos alejen de la gente. No dejemos que nada nos separe de la gente, con ellos es que desarrollamos la pastoral juvenil.

4. Mentoreo comunitario

El mentoreo juvenil debe estar caracterizado por el pronombre **nosotros**. Pero, no como un simple deseo de transmitir cierta horizontalidad, sino como parte de la visión que Jesús nos transmitió con su vida. Miremos algunos puntos que nos reflejan la idea de Jesús de desarrollar un grupo de personas que pensaran en **nosotros**, no en singular (yo):

a. Compañeros de viaje: Jesús eligió a los doce para que estuvieran con él. Esto nos habla del propósito comunitario de su ministerio. Nos enseñó la importancia de ir de dos en dos en la misión de predicar, nos mostró en el Getsemaní la importancia que toma la compañía del otro en tiempos de sufrimiento. Los compañeros de viaje son aquellas personas que están a nuestro lado, que nos brindan un espacio de confesión, de apertura y nos desafían a seguir adelante. Son aquellas personas con las cuales compartimos nuestras flaquezas y no nos juzgan, sino que nos permiten escuchar en perspectiva sin dobles intenciones. Jesús no hizo su trabajo solo, aunque podría haberlo hecho. Nosotros no podemos viajar en un ministerio sin un grupo de personas que nos ayuden a encontrar el rumbo. La soledad del líder es uno de los mayores peligros para su integridad.

b. Perdernos entre nosotros. En Mateo 26:47-56 vemos a Judas entregando a Jesús. Si nos acercamos al relato con mayor detenimiento vemos a un entregador dando una señal o contraseña como dice la NVI[1]: un beso. Frente a esto debemos preguntarnos: ¿acaso no era identificable Jesús? ¿No lo conocían todos? ¿No era el que se destacaba entre los discípulos? Evidentemente vemos en la respuesta de Jesús a Judas un principio para destacar. Jesús le respondió:

109

1- Biblia traducción Nueva Versión Internacional.

Amigo, ¿a qué vienes? Jesús se perdió entre los discípulos a causa de un liderazgo amistoso. Esta clase de liderazgo no busca destacarse, sino que los demás se destaquen. No busca que le laven los pies sino lavarlos, no busca el reconocimiento, pero, tampoco tiene falsa humildad. Tiene seguridad y realización en algo mayor.

c. Jesús formó una red, *no un grupo de líderes individuales.* Estamos acostumbrados a un liderazgo vertical, o también conocido como liderazgo de botella. Todo debe pasar por el cuello o pico, sino se pasa por el líder nada puede salir o suceder. Esto habla de una falta de confianza en los demás y miedo a que las cosas no se hagan a la manera de uno. Creo que Jesús estableció un grupo con la confianza suficiente para decir barbaridades, un grupo donde la posibilidad de equivocarse no constituía una tragedia.

d. Potenciar. Los adolescentes y los jóvenes son el tesoro del ministerio, son lo que le dan vida y sentido. No los mentores o los líderes. Es triste ver el showman en el escenario y los adolescentes debajo elevando el ego con aplausos y manifestaciones, en el mejor de los casos. El ministerio debe ser fundamentado en la igualdad y permitir que sea el joven, quien se desarrolle en todo su potencial. El punto aquí es lograr que el ministerio no sea un pretexto para la realización personal del adulto.

5. Mentoreo humilde

Todo lo que sabemos lo hemos aprendido. Una de las marcas de los ministerios que se toman las cosas enserio es la capacidad de entender que ha habido personas y circunstancias que nos han enseñado. Esto nos permitirá entender que tenemos mucho que aprender todavía, que nunca dejamos de ser aprendices, discípulos:

- *Nunca dejemos de aprender de todos,* aún de aquellos que pensamos que no tienen nada que enseñarnos. Todos tienen una historia que les ha permitido aprender.

COMO MINISTERIO JUVENIL DEBEMOS RESPETAR LA HISTORIA DE LOS JÓVENES, SUS ÉXITOS, SUS FRACASOS Y SUS ESPERANZAS.

Como ministerio juvenil debemos respetar la historia de los jóvenes, sus éxitos, sus fracasos y sus esperanzas.

- *Aprendamos a escuchar al otro,* sin juzgarlo por lo que aparenta. Nunca dejemos de educarnos de otros ministerios. Una de las marcas de los ministerios sanos es que crecen por la experiencia propia y de la de otros también.

- *Aprender como estilo de vida* te hace crecer. Aprender es una de las acciones continuas de la persona humilde. Actualización, capacitación, lectura, investigación, etc. Son algunos elementos de los cuales podemos alimentarnos.

6. Mentoreo integro

Hace unos meses, después de terminar de dar clases, me senté en un café. Pedí un café mediano y me preparé para leer un libro. De repente una sombra vino sobre mí. Era la sombra de una persona grande. Levanté mi mirada y no podía creer lo que veía. Hacía años de aquel último encuentro de jóvenes. Era mi líder juvenil. Ella y su esposo había marcado mi vida con su servicio en la iglesia, donde concurrí cuando era adolescente. Sin su labor de amor, hubiera sido difícil seguir adelante.

111

Sin embargo, cuando la vi en aquel lugar, no era la misma. Estaba cambiada, su semblante no era la de una persona segura y feliz. Nos sentamos a charlar y entendí varias cosas de su aspecto. Ella y su esposo estaban en el proceso de divorcio. Él la había engañado en varias ocasiones, aún siendo parte del equipo pastoral. Ellos habían adoptado dos bebés y luego de esto, la separación. A raíz del engaño, ella intentó suicidarse cinco veces y había estado internada en un hospital neuropsiquiátrico. Por esta razón, corría inminente peligro de perder a los dos chicos. Yo estaba impactado, pocas eran las palabras que balbuceé. Pero en un momento de lucidez le pregunté: ¿qué hizo que se alejaran el uno del otro? ¿Cuál fue la causa de la ruptura?

A lo que ella contestó: *nos agotamos en el ministerio. Ese cansancio sumado a las exigencias continuas provocaba en nosotros irritación. Sumado a una relación con Dios que iba en baja. Pensábamos que servirlo era igual a estar cerca de Él.*

Lamentablemente los ministerios juveniles pueden ser una de las causas de falta de integridad. Los mentores han engañado sus fundamentos con el mismo ministerio. Se han ido con *otra*, y esa *otra*, es la pasión desmedida por ocuparse del servicio a los jóvenes y descuidar otros aspectos, que son fundamentales de todo accionar ministerial:

1. La relación constante con Dios.

2. Cuidado y atención a la familia.

En mi experiencia veo que bajo el lema "hagamos la cosas con excelencia" abandonamos los dos vínculos fundamentales de la vida: la relación íntima con Dios, el tiempo a solas con aquel que renueva nuestras fuerzas y nos transmite su ánimo para seguir adelante. **Dios junto a nosotro**s es la clave del no agotamiento.

En segundo lugar, la familia. Los hijos y las esposas de mentores sienten que el ministerio o la iglesia "les robó" a su padre o esposo. El resentimiento y la falta de atención que provocamos en nuestros hijos no es fácil de sanar. Nunca verán al ministerio o a la iglesia como "algo bueno" si cansa, agota y trae problemas a mi esposo/a, mamá/papá. Y menos aún si se los roba.

8

DECISIONES

La historia de cada uno es marcada por las decisiones que tomamos. La suma de ellas forma el carácter y determina la clase de relaciones que establecemos con los demás. Cuando alguien decide por sí mismo, nos encontramos frente a una persona segura y libre. Más allá de las que son cotidianas, existen una serie de decisiones que marcan hitos en nuestras vidas. Son aquellas que no olvidamos, que quedan como una cicatriz en el cuerpo. Los adolescentes y jóvenes están tomando decisiones trascendentes, debemos ocuparnos de saber cómo ayudarlos en este proceso y qué pautas claras podemos compartirles.

CUANDO ALGUIEN DECIDE POR SÍ MISMO, NOS ENCONTRAMOS FRENTE A UNA PERSONA SEGURA Y LIBRE

El proceso de decidir[1]

117

Antes de pensar en nuestra función como mentores frente a las decisiones de los mentoreados, debemos detenernos y definir ciertos procesos en la toma de decisiones. A la hora de elegir, vale la pena diferenciar tres conceptos: principios, valores y convicciones.

1. Los *principios* son formulaciones teóricas que expresan un determinado modo de proceder, por ejemplo Amarás a Dios sobre todas las cosas. Pueden imponerse intelectualmente y ser aceptados racionalmente, pero no necesariamente provocan el ser afectados por ellos.

2. Los *valores*, representan la apropiación de los principios, se expresan como respuestas in-

---

1 - La palabra decisión proviene del latín (decidere) que significa cortar. Implica decir sí a una cosa y no a otra. Algunas definiciones más sobre tomar decisiones:Acción de determinar, resolver, o escoger una opción entre muchas. - "Elegir una alternativa entre varias, la que mejor satisfaga nuestros objetivos, habiendo calculado los riesgos". - Proceso por el cual, reflexionando, se evalúan las acciones a seguir, seleccionando la que se considera la mejor.

tencionales o sentimientos. Se mueve la parte emotiva de la persona.

3. Las *convicciones* son persuasiones, son convencimientos teóricos y afectivos. Son fruto del espíritu. Es algo que se apodera de nosotros, por lo cual vivimos y por lo que estamos dispuestos a jugarnos la vida. Mueven nuestra voluntad.

En resumidas cuentas. Los principios mueven la razón, los valores mueven los sentimientos y las convicciones mueven la totalidad de la persona.

Desde que nacemos expresamos nuestras necesidades más básicas: alimento, abrigo, descanso, afecto. Lo hacemos a través de la risa o del llanto. Al pasar el tiempo, decidimos sobre asuntos más complejos e importantes. Nos van dando el privilegio de elegir nuestros amigos, nuestra ropa, aún el tipo de enseñanza formal, pero muchas veces, no nos recuerdan que implica una responsabilidad.

Al llegar a la adolescencia y la juventud los grandes temas de decisión son: la identidad, la autoestima, la autonomía, el noviazgo, el sexo, el tiempo libre, las adicciones, la vocación, el trabajo, el dinero, la espiritualidad, etc. Y la lista continúa. No hay recetas ni fórmulas mágicas para ayudar a decidir. Pero sí hay pautas que orientan.

Pautas orientadoras para la toma de decisiones

A. Pauta del ajedrez

En el libro *Tú dragón interior*, Donald Miller, explica que el tomar buenas decisiones es como un juego de ajedrez. La idea la obtuvo de una entrevista que vio en la televisión. La aplicó a su propia vida (que por ese aquel entonces era un caos), para dejar de meterse en líos y tener una vida significativa.

La única manera de perder en el ajedrez, y de hecho en la vida, es la sumatoria de malas jugadas. Si por el contrario, se toman buenas decisiones, no se pierde en el juego ni en la vida real. No es cuestión de la fatalidad ni del destino. Él propone cuatro estrategias:

1. **Escribir las metas que uno tiene en la vida.**
2. **Pensar bien cada jugada:** *prever la próxima "movida"*
3. **Controlar las emociones, tener paciencia.**
4. **Buscar sabiduría:** *los consejos de Dios; (el libro de los Proverbios es un buen comienzo).*

B. Pauta de las preguntas orientadoras

El libro *Toma de decisiones*, coordinado por Alejandra Mizrahi, presenta las siguientes orientaciones:

1. **Formula objetivos.** *¿Qué quiero lograr?*
2. **Evalúa las opciones.** *¿Cuál es la forma más adecuada para cumplirlo?*
3. **Detecta los riesgos.** *¿Cuáles son las dificultades, complicaciones y desventajas?*
4. **Elige. ¿Me comprometo? ¿Concreto la decisión?**

C. Pauta del amor

Esta pauta fue desarrollada por mi esposa Elisabeth y creo, que nos ha servido mucho para orientar en la toma de decisiones de adolescentes y jóvenes, y aún de adultos. Básicamente, son dos preguntas que nos orientan, basadas en dos pasajes de la Biblia:

119

1. ¿Cuál es la regla para tomar una buena decisión? Lucas 10:27

Es interesante ver que este fragmento de la Biblia nos marca un filtro en la toma de decisiones. Si al decidir nos preguntáramos: ¿estoy amando a Dios con esta decisión? ¿Estoy amando a mi prójimo? ¿Me estoy amando a mi mismo? Nuestras decisiones serían más sanas. Cuando comparto este filtro en charlas para adolescentes y jóvenes tienden a anotar este filtro y les parece eficaz (y fácil de memorizar).

2. ¿Cuáles son las consecuencias que me traen? Gálatas 6:7

La ley de la siembra y la cosecha ha sido, y seguirá siendo, una buena pauta para la toma de decisiones. Hoy se dice que, a los jóvenes y adolescentes, no les importan las consecuencias de sus decisiones y quizás sea verdad, pero no dejemos de aclararles que las consecuencias son parte, como un combo, de las decisiones que toman por ellos mismos.

Características de las decisiones

Ahora, es importante conocer ciertas características de las decisiones. Sin la intención de agotarlas, me gustaría compartir algunas que me han servido en el mentoreo:

1. Las decisiones son el fruto de nuestras convicciones, no de nuestras creencias.

Generalmente nos confundimos al hablar de convicciones y creencias. Argumentamos que creemos esto o aquello. Sin embargo, un momento después, estamos decidiendo o haciendo todo lo opuesto a lo que dijimos. ¿Por qué? Porque cuando decidimos se ponen en juego nuestras convicciones, aquello que tenemos muy adentro nuestro y que nos hace actuar según ese patrón.

Hace algunos años Pepsi y Coca Cola armaron una guerra publicitaria. En esa ocasión Pepsi presentó un comercial que ilustra lo que trato de explicarte.

En la publicidad un chico camina hacia una máquina expendedora de gaseosas. Se para delante de ella y se da cuenta que por su baja estatura, no llega a tocar el botón de "su refresco". Entonces, toma sus monedas, las introduce en la máquina, saca una lata de la competencia y la coloca en el piso. Luego, realiza la misma acción y saca otra Coca Cola. Finalmente, se para sobre las dos latas y sube a buscar "su gaseosa preferida". El comercial aún no termina. Cuando baja, deja las latas de la competencia en el suelo y se aleja disfrutando la suya. Trabajó para lograr su objetivo. Nada lo hizo cambiar de idea. Sabía lo que quería. Su convicción era clara. Esto nos hace concluir que nuestras decisiones son el fruto de nuestras convicciones, no solo de nuestras creencias. O como lo dijo alguien de forma más brillante: *"Los que creen en lo que dicen, tienen creencias; los que viven lo que creen, tienen convicciones"*.

2. Las decisiones son personales.

Uno de los grandes tesoros que tenemos como seres humanos es la capacidad de decidir. Muchas veces las decisiones grupales no nos parecen justas y nos quejamos. Sin embargo, cuando tenemos la oportunidad de decidir por nosotros mismos no somos lo suficientemente valientes y, por no quedar como tontos, hacemos lo que hacen los demás, nuestros padres o nuestros amigos. Vivimos en un constante "dominó humano". Hacemos lo que la mayoría hace para no quedar mal parados. Esto nos permite ser parte de la masa de gente que generalmente decide mal. Recuerda la famosa frase que dice "Si la mayoría de las personas afirman, repiten y realizan una estupidez, no deja de ser una estupidez." No tienes que hacer lo que otros hacen. No tenemos por qué condicionarnos por las malas decisiones de los demás. Nuestras decisiones nos afectarán primeramente a nosotros. Nuestras decisiones son personales.

3. Las decisiones afectan a otros.

Las decisiones que tomamos influyen también en las personas que nos rodean. Si no somos Tarzán[2] o vivimos apartado de la civilización como un monje ermitaño, creo que podemos entender que cada una de nuestras decisiones afectará a alguien más: a los que están a nuestro lado. Los seres humanos somos una especie que no puede vivir en soledad permanente. Necesitamos a otros para completarnos, por esto las decisiones que tomamos influyen en otros.

Pertenecemos a una cadena formada por diferentes personas y estas se ven afectadas de forma positiva o negativa por nuestras decisiones. Por supuesto, ellos también van a impactarnos con sus decisiones, sea para bien o para mal

El capitán Smith estaba a cargo del viaje. Era el viaje inaugural del barco. Esto había captado la atención del mundo entero ya que había costado mucho dinero y parecía indestructible. Todo estaba preparado para un viaje de gala sin precedentes. No había nada de que temer. Finalmente, la nave partió hacia su destino. Smith tenía en sus manos la vida de miles de personas y lo sabía. Sin embargo, algo ocurrió que lo convertiría en el hombre más imprudente de su tiempo.

122

2- Viejo personaje de series televisivas, que vivía aislado en la selva y que contaba con la única compañía de una mona, llamada Chita. Posteriormente, agregaron el personaje de Jane, una bella dama. Esto seguramente para que Tarzán no se sintiera tan solo..

Al mediar el viaje, Smith sabía que llegarían con retraso al puerto. Por la magnitud del evento y por el *qué dirán* de su tardanza, decidió acelerar los motores. Su barco perdería el control y no lograría esquivar la punta de un iceberg. Lo que sigue es una tragedia conocida: el hundimiento del Titanic. Esa noche mil quinientas diecisiete personas perdieron la vida por la decisión de una sola persona.

Nuestras decisiones afectan a otros, de forma positiva o negativa. Y recordemos que *"las decisiones valiosas se basan en el respeto por las personas"*.

RECORDEMOS QUE "LAS DECISIONES VALIOSAS SE BASAN EN EL RESPETO POR LAS PERSONAS".

4. Las decisiones no deberían depender de las circunstancias.

He tenido muchos amigos que han tomado decisiones trágicas por las circunstancias que vivían. Recuerdo a Marcelo. Era una persona maravillosa, amigo como ninguno y muy divertido. Marcelo tenía una relación muy difícil con sus padres y con su novia. Cada día trataba de guardar la tristeza que esto le provocaba. Buscaba a sus amigos o a cualquier persona que le hiciera olvidar el infierno que vivía en su casa y en su noviazgo. Un día, decidió mal. Apareció muerto en su habitación con una carta que decía el por qué de su decisión: *No soporto las circunstancias que tengo que vivir.*

Hace unos veranos conocí a Juliana, una chica que irradia felicidad y ayuda en un centro donde van adolescentes con vidas en riesgo, que viven en familias donde sus padres son drogadictos o alcohólicos. Ella me contó su historia. Desde pequeña recuerda cómo su papá golpeaba a su mamá. Él venía de su tra-

bajo con algunas copas de más y, generalmente, se po-
nía violento con cualquier miembro de la familia que
lo contradecía. Su casa era un infierno. Los hermanos
de Juliana decidieron consumir drogas, en el tiempo
que su mamá falleció. La situación era muy difícil para
ella. ¿Qué oportunidades de salir adelante tenía? Sin
embargo, decidió que lo que vivía no le arruinaría su
sueño: estudiar.

Cada día se levantaba temprano y leía. Por las
tardes, iba a la escuela con las monedas que le pedía
a la gente en la calle. No dejaba de ir a la biblioteca
si necesitaba libros. Un día a la vez, siguió adelante,
cumpliendo su sueño. Su entorno le negaba toda posibilidad, pero ella entendió que podía saltar más alto
que cualquier circunstancia. Luego de terminar su se-
cundaria, Juliana fue invitada a estudiar en una universidad con una beca completa. Hoy es maestra en
un colegio y colabora con el centro de ayuda escolar de
su ciudad. Su padre sigue emborrachándose todos los
días y sus hermanos están presos por distribuir drogas. Esto nos enseña que nuestras decisiones no deberían depender de las circunstancias o de los cercanos,
sin embargo, siempre es prudente pedir ayuda.

1. Las decisiones tienen consecuencias.

Tal vez piensas que nuestras decisiones no pe-
san en un mundo tan grande y con tantos seres humanos. Ese era el pensamiento de María. Había nacido
en Polonia. Era la quinta hija mujer. Tenía una inteli-
gencia brillante. Amaba estudiar. Pero en la época en
que vivió, su posición socioeconómica y su género se
lo impedían. Tuvo que trabajar y esperar a tener vein-
tiún años para cumplir su sueño: ir a la Universidad
de la Sorbona en París, ya que en la de Varsovia no
aceptaban mujeres. En tres años se recibió de licen-
ciada en Física y Matemática. Se casó con un colega,

Pedro, con él compartió lo que más amaba: sus hijas y sus experimentos. La decisión de seguir investigando, los llevó a demostrar la existencia de dos nuevos elementos, a los que llamaron polonio y radio. Recibió dos veces el Premio Nóbel, el de Física en 1903 y el que Química en 1911. Sus investigaciones aportaron a la humanidad los estudios de Rayos X y la radioactividad para el tratamiento del cáncer. María Slodowska Curie tomó decisiones que fueron útiles para millones de personas.

Esta historia nos sirve para entender que nuestras decisiones siempre tienen consecuencias y que tal vez con ellas, ¡podemos cambiar la historia!

"Parte de crecer es tomar tus propias decisiones y vivir con las consecuencias".

Samuel Jackson en la película Juego de honor (producida por MTV): [3]

125

¿Cuál es nuestra tarea frente a las decisiones de los adolescentes y jóvenes?

I. Asesorar, no dirigir sus decisiones: significa darles herramientas para poder clarificar su posición frente al dilema de elegir. De alguna manera podemos acompañarlo con preguntas orientadoras y con situaciones hipotéticas futuras. Es importante que no manipulemos por medio del discurso para que la decisión sea dirigida hacia nuestra opinión particular.

II. Acompañar, no empujar a que decidan: frente a la decisión autónoma del joven o adolescente debemos respetar sus procesos. Es decir, quizás es bueno que se tome un tiempo para pensar las cosas y no apresurarse a decidir sin toda la información que necesita para hacerlo.

3 - http://www.coachcartermovie.com

III. Escuchar, no inducir sus decisiones: muchas veces como mentores nos apresuramos a dar respuestas inmediatas a los problemas. Sin embargo, es sabio y respetuoso el mentor que escucha cada expresión verbal y no verbal del joven para poder entenderlo de una forma completa.

IV. Respetar, no apurar sus decisiones: algunas veces los jóvenes tomarán decisiones de las cuales no estamos de acuerdo. El gran desafío aquí es no marginarlo, ya que demostraría cierto rencor, egoísmo e inmadurez de parte del mentor. Muchos adolescentes han tomado decisiones que lamentablemente los han separado de espacios de contención porque el mentor se ha sentido "herido" por no haber sido aceptado su consejo.

V. Derivar[4], no abandonar en medio de sus decisiones: es clave acompañar al adolescente y joven en medio de las decisiones. Muchas veces tendremos que derivarlo a profesionales de la salud, del derecho, asistentes sociales, etc. ya que no tenemos herramientas para seguir el acompañamiento. Sin embargo, recordemos que nuestra función pastoral se mantiene intacta y es esencial que en la derivación no los abandonemos.

Los mentores como empacadores de paracaídas

Charles Plumb, era piloto de un bombardero en la guerra de Vietnam. Después de muchas misiones de combate, su avión fue derribado por un misil. Plumb se lanzó en paracaídas, fue capturado y pasó seis años en una prisión norvietnamita. A su regreso a Estados Unidos, daba conferencias relatando su odisea, y lo que aprendió en la prisión.

---

4 - Ver Caja de herramientas para el mentor, el artículo ¿Cómo y cuándo derivar?

Un día estaba en un restaurante. Allí, un hombre lo saludó y le dijo: "Hola, usted es Charles Plumb, era piloto en Vietnam ¿y lo derribaron verdad?" "Y usted, ¿cómo sabe eso?", le preguntó Plumb."Porque yo empacaba su paracaídas. Parece que le funcionó bien, ¿verdad?".Plumb casi se ahogó de sorpresa y con mucha gratitud le respondió: "Claro que funcionó, si no hubiera funcionado, hoy yo no estaría aquí."

Estando solo Plumb no pudo dormir esa noche, meditando, se preguntaba: "¿Cuántas veces vi en el portaviones a ese hombre y nunca le dije buenos días, yo era un arrogante piloto y él era un humilde marinero?"Pensó también en las horas que ese marinero pasó en las entrañas del barco enrollando los hilos de seda de cada paracaídas, teniendo en sus manos la vida de alguien que no conocía.

*Ahora, Plumb comienza sus conferencias preguntándole a su audiencia:" **¿Quién empacó hoy tu paracaídas?**"*

127

Acompañar a los adolescentes y jóvenes en la toma de decisiones es una forma práctica de empacarles sus paracaídas. Darles herramientas para que salten a la vida y tomen decisiones sanas es una responsabilidad del mentor. No podemos desatender este desafío, ya que corre peligro su integridad.

9

NUEVAS FORMAS DE
MENTOREO

El mentor no puede negar la importancia que toma, día a día, la conexión *online* en la vida cotidiana de sus mentoreados. Durante mucho tiempo se pensó que el acompañamiento espiritual solo era posible cara a cara, donde la presencia física de las personas era esencial para alcanzar un grado de intercambio saludable y efectivo. Sin embargo, hoy se ha comenzado a hablar,

> **EL MENTOR NO PUEDE NEGAR LA IMPORTANCIA QUE TOMA, DÍA A DÍA, LA CONEXIÓN ONLINE EN LA VIDA COTIDIANA DE SUS MENTOREADOS.**

y a experimentar, el acercamiento pastoral por medio de las nuevas tecnologías. Sumado a esto, debemos agregar que la vorágine en la que estamos sumergidos promueve los encuentros a distancia, es decir en línea.

Para poder comprender la importancia del acompañamiento espiritual desde las nuevas tecnologías, debemos acercarnos, en primer lugar, a ciertos conceptos bíblicos que nos darán un norte para realizar nuestra labor y nos ayudarán a comprender porqué los adolescentes y jóvenes insisten en su permanencia dentro de las comunidades virtuales. En segundo lugar, pensaremos en cómo reaccionamos frente a las cosas que vemos de ellos en Internet y por último, compartiré herramientas para un abordaje inicial como mentores *online*.

1. ¿Por qué los adolescentes y jóvenes necesitan de una comunidad?

Cuando nos acercamos a Génesis 2:15 - 3:11 podemos observar algunas cuestiones que pueden orientarnos para responder a esta pregunta. Veamos detenidamente el versículo 18 del capítulo 2. Allí encontramos que el Señor dijo: «No es bueno que el hombre esté solo. Voy a hacerle una ayuda adecuada.». Curiosamente, es la primera vez que encontramos a Dios diciendo que algo no es bueno. Como también es curioso que aún Adán y Eva no se hubieran revelado o independizado de Dios. El primer descubrimiento que debemos hacer en este fragmento es que Dios considera que algo de su creación no era bueno, y esto es, la soledad.

La soledad o el aislamiento de las personas no es algo bueno para Dios. Esto nos demuestra que la necesidad de la comunidad es algo que nos acompaña desde el Edén y debemos satisfacerla. Alguien dijo alguna vez:

"Con tantos miles de millones de habitantes como tiene el mundo, alguien debería ser capaz de inventar un sistema en el que no haya nadie solitario."

Se trata de un comentario radical acerca de la importancia fundamental que tienen las relaciones humanas.

Dios crea al hombre con un vacío que no puede llenar ni el dinero, ni los libros, ni los logros, ni la actividad, ni Dios mismo. Entonces Dios comparte un sistema para cubrir esta necesidad, la comunidad. La conexión con otros, las relaciones auténticas y llenas de amor. Desde antes del ser humano la comunidad era una propiedad divina. La trinidad es muestra de esta conexión que da vida a cada una de las personas. La comunidad tiene su raíz en Dios mismo. Entonces Dios mismo le comparte esta conexión al hombre y le crea una compañera.

¿Por qué hoy los jóvenes buscan comunidad? Porque está en sus venas, en su diseño original y desean ser parte de unas, porque quieren experimentar el gozo de identificarse con alguien, el deleite de que alguien los conozca y los ame. La comunidad es oportunidad de dar y crecer, la seguridad de hallar un espacio de pertenencia.

Sigamos adelante con el relato buscando respuestas:

19 *Entonces Dios el Señor formó de la tierra toda ave del cielo y todo animal del campo, y se los llevó al hombre para ver qué nombre les pondría. El hombre les puso nombre a todos los seres vivos, y con ese nombre se les conoce.*

20 *Así el hombre fue poniéndoles nombre a todos los animales domésticos, a todas las aves del cielo y a todos los animales del campo. Sin embargo, no se encontró entre ellos la ayuda adecuada para el hombre...*

22 *De la costilla que le había quitado al hombre, Dios el Señor hizo una mujer y se la presentó al hombre,*

23 *el cual exclamó: «Ésta sí es hueso de mis huesos y carne de mi carne...*

25 En ese tiempo el hombre y la mujer estaban desnudos, pero ninguno de los dos sentía vergüenza.

Adán ya no estaba solo, tenía su comunidad junto a Eva.

Si volvemos a leer este pasaje, veremos una declaración que puede darnos la pista de una sana comunidad: "estaban desnudos, pero ninguno de los dos sentía vergüenza". No tenían nada que esconder y eso produce placer, deleite. No había nada escondido, nada oculto, ningún secreto culpable que los separara. Eran vulnerables y su grado de entrega era el máximo.

Eran plenamente conocidos, y por lo tanto, plenamente aceptados.

La comunidad edénica se caracterizaba por una deliberada exposición. Exposición de sus emociones, de su cuerpo, de sus deseos más profundos y de su amor por cada esfera de la vida. No había nada que ocultar. No existía la vergüenza ni el miedo. Sin embargo, hubo una ruptura en esta estabilidad que disfrutaban:

Adán y Eva no tenían vergüenza de estar desnudos frente a frente. Cuando tenemos paz en el corazón podemos ser auténticos y no avergonzarnos de nosotros mismos. Sin embargo, cuando ellos marginaron a Dios, comenzaron a sentirse ridículos y expuestos. La inocencia sana que los caracterizaba, había desaparecido. Por esto, se tejieron hojas de higuera para cubrirse. Desde ese momento, nosotros, como ellos, comenzamos a tejernos hojas de higuera para taparnos. Hemos pensado, como nuestros amigos desnudos, que podemos ocultar lo que realmente somos[1].

¿Por qué los adolescentes y jóvenes se muestran de una forma en Internet y de otra personalmente?

La ruptura que provoca el pecado degenera nuestra percepción de Dios, del otro, de uno mismo y de lo que nos rodea: nos vemos expuestos, vulnerables. De esta manera, todas nuestras relaciones se ven afectadas y comenzamos, naturalmente, a tapar nuestra fragilidad.

7 En ese momento se les abrieron los ojos, y tomaron conciencia de su desnudez. Por eso, para cubrirse entretejieron hojas de higuera.

---

1 - Transformados, volver a empezar, de Gabriel Salcedo. 2009

8 *Cuando el día comenzó a refrescar, oyeron el hombre y la mujer que Dios andaba recorriendo el jardín; entonces corrieron a esconderse entre los árboles, para que Dios no los viera.*

9 *Pero Dios el Señor llamó al hombre y le dijo:*

— *¿Dónde estás?*

10 *El hombre contestó:*

—*Escuché que andabas por el jardín, y tuve miedo porque estoy desnudo. Por eso me escondí.*

11 — *¿Y quién te ha dicho que estás desnudo? —Le preguntó Dios—. ¿Acaso has comido del fruto del árbol que yo te prohibí comer?*

Se rompe la comunidad. Adán no solo se esconde de Dios sino también de Eva. La ruptura se da al nivel de las relaciones. Dejan de conocerse y comienza una nueva "normalidad". Es decir, la apariencia, las máscaras, las hojas de higueras, cubriendo lo que realmente somos. Y esto se transforma en un elemento vital para comenzar a desconocernos. Antes ser "normal" significaba *estar desnudo, disfrutar el ser aceptado, conocido y amado.* Ahora las cosas cambian y la "normalidad" será ocultarse por miedo a ser rechazado o no aceptado.

Por lo tanto, cuando nos desconocemos, o nos conocemos de forma incompleta, comenzamos a aceptarnos de forma incompleta.

Desde el Edén al día de hoy, comenzamos a vivir esta nueva normalidad. Las hojas de higuera comienzan a ser lo que mostramos, por lo cual somos aceptados y somos partes de comunidades o grupos. De ahora en adelante, la aceptación sería incompleta

135

ya que sería difícil mostrarse tal cual uno es sin ser juzgado o sentir miedo. Por esto, los adolescentes y jóvenes se muestran "normales" frente a sus adultos, por miedo a ser juzgados o por vergüenza. Sin embargo, existen ámbitos o espacios donde ellos disfrutan de cierta "anormalidad", es decir, que pueden desnudar sus emociones, sus temores y compartirlos sin temor. Es allí donde el rol del mentor debe llevarse a cabo: creando espacios solidarios donde el adolescente y joven puedan sentirse respetados frente a su exposición.

Como dije anteriormente, el ser "normal" de ahora en adelante, es tener la capacidad de taparse y no mostrarse tal cual es, mientras que ser "anormal" es tener la libertad de exponerse sin ser juzgado.

Entonces, ¿quién es alguien normal?

- Es la persona que sabe administrar de forma eficiente el pecado y es visto como alguien correcto.

- Es alguien que no puede conformar comunidad porque no tolera la anormalidad, por lo tanto no puede aceptar completamente a los demás.

¿Por qué los jóvenes se comportan normalmente delante de los adultos?

Porque...

- Les han enseñado a administrar su depravación/pecado.

- Se sienten inseguros en la comunidad/iglesia.

- Porque exigimos *una espiritualidad localizada*, donde deben comportarse correctamente en ciertos ámbitos sin importar otros.

¿Por qué los jóvenes se comportan " anormalmente" en otras comunidades?

Porque...

- Ven autenticidad en su anormalidad.

- Encuentran gente con interés genuino hacia ellos.

- Porque ven cierta credibilidad.

- No tienen tantos jueces enfrente.

- Tienen capital social (capacidad de relacionarse con personas que no creen lo mismo y que no tienen sus mismos hábitos).

"Acéptense mutuamente", dice el Apóstol Pablo *¿qué es exactamente lo que hacemos cuando aceptamos a alguien?* Aceptar a una persona es permanecer **con ella.** Es reconocer que es algo muy bueno, que esa persona esté viva, y desearle lo mejor. Por supuesto, no significa que aprobemos todo lo que haga. Significa que seguiremos queriendo lo mejor para su vida, **haga lo que haga[2].**

137

2. ¿Cuál será nuestra reacción frente a su "anormalidad"?

El pastor John Ortberg, en su libro *Todos somos normales hasta que nos conocen*, desarrolla dos posibles reacciones frente a la "anormalidad" del otro, es decir, al exponerse en su dimensión "no aceptada". Pensando en los jóvenes y adolescentes, su "anormalidad" se presentará cuando te compartan sus errores más tristes, sus luchas más profundas, sus tendencias

---

2 - Para profundizar este tema leer Todos somos normales hasta que nos conocen, de John Ortberg, publicado por Editorial Vida.

más bajas o simplemente cuando lo veas actuar o exponerse de una manera que no sea considerada aceptable.

En la historia del acompañamiento espiritual es posible ver que, comúnmente, se reacciona de dos maneras. Estas están representadas por dos comunidades que aparecen en los evangelios y que John Ortberg cita:

La Comunidad Rompetechos

En Marcos 2:1-12 encontramos un grupo de amigos decididos ir a conocer a Jesús. Seguramente habían escuchado que se acercó y que estaría en la casa de algún conocido. Es allí cuando esta comunidad de amigos, se pone en marcha. Sin embargo, lo que destaca a estos hombres es la disposición a cargar con su amigo inválido. No lo abandonan, sino que lo toman en sus brazos y lo acercan a Jesús, quien podía ayudarlo. Si analizamos la actitud de ellos, podemos encontrar que pusieron en movimiento ciertas características y actitudes con el propósito de ayudar a otro:

- *Se mostraron amigos:* seguramente dijeron *¡Tenemos que llevarlo!* No pensaron en ellos mismos.

- *Fueron osados:- ¡Entremos como sea necesario!* Salieron de su ortodoxia.

- *Utilizaron la creatividad:- ¡Hagamos un agujero en el techo!* Usaron su parte derecha del cerebro.

- *Tuvieron un fuerte compromiso:- ¡La dureza del techo no nos detendrá!* Su compromiso era más fuerte que cualquier techo.

El mayor don de este hombre inválido no eran sus piernas, eran sus amigos. Ésta era una comunidad donde la debilidad (anormalidad) no era un obstáculo para ayudar.

Pensemos en un momento en los Rompetechos de nuestra vida, ¿quiénes son las persona, cuyo amor, ha dejado huellas en nuestra vida? ¿Cómo lo hicieron? Es bueno agradecer a Dios por estas personas que se transformaron en Rompetechos para nuestro beneficio integral. Los jóvenes están en sus esterillas (o sobre aquello que los avergüenza o marca su debilidad), muchos tratan de esconderlas, porque pocos los entenderían.

La comunidad Rompetechos es una comunidad que busca la sanidad y no marcar la vergüenza del otro.

La comunidad rompetechos es una comunidad que busca la sanidad y no marcar la vergüenza del otro.

139

La comunidad Tirapiedras

En el evangelio de Juan 8:1-11 encontramos a otra comunidad, bastante diferente a la anterior, pero con más herramientas teológicas. Estos hombres que aparecen en este relato eran los mentores del pueblo, eran los que de alguna manera tenían que mostrar el modelo de amor, gracia y perdón que Dios les había transmitido. Sin embargo, en este episodio toman a una mujer y la exponen como un trofeo que representa su santidad. Exponen a una mujer con deseos de ser amada y que en su marido no encuentra ese amor. Una mujer engañada por el sistema religioso y por un falso amante.

Los fariseos sabían de memoria que debían amar al prójimo como a sí mismos. Sin embargo, estos mentores utilizaron su conocimiento para juzgar a otros que, muchas veces, eran inocentes. Veamos sus características y actitudes:

- **Se mostraron enemigos:-** *¡Tenemos que matarla!* Pensaron en ellos mismos.

- **Fueron cobardes:-** *¡Expongámosla como sea necesario!* Dejaron de verla como ser humano.

- **Utilizaron la creatividad:-** *¡No tiene salida!* Buscaron por un tiempo sorprenderla dos o más de ellos. Algunos especulan en que contrataron al hombre que se acostó con ella para enamorarla y evidenciar su pecado.

- **Tuvieron un fuerte compromiso:-** *¡Vamos a cumplir la Ley!* Todos tomaron piedras para matarla.

140

Philip Yancey nos cuenta una anécdota sobre los Tirapiedras...

Una prostituta se me acercó en medio de su miseria, sin techo, enferma, incapaz de comprar comida para su hija de dos años. Entre llantos y sollozos me dijo que había estado alquilando a su hija —¡de dos años!— a hombres interesados en aberraciones sexuales. Ganaba más dinero alquilando a su hija por una hora, que todo el dinero que ella podía ganar en una noche. Tenía que hacerlo, decía, para sostener su propio hábito de drogas. Apenas pude resistir escuchar esta terrible historia...

Al final, le pregunté si alguna vez había pensado en ir a una iglesia a pedir ayuda. Nunca olvidaré la mirada de asombro puro e ingenuo que le cruzó el rostro. **"¡Una iglesia!", gritó. "¿Por qué habría de acudir allí? Ya me siento horriblemente mal conmigo misma. Si voy, solo me harían sentir peor."**

Los rompetechos se dedican a salvar vidas, los tira-piedras a matar.

Nuestro mentoreo será una diferencia en la vida de los adolescentes y jóvenes cuando nos apropiemos de las características de la comunidad de rompetechos y tomemos esa actitud. Si esto no es así, nos transformaremos en tirapiedras y marcaremos la vida de los chicos y chicas, pero con una herida difícil de sanar.

3. Herramientas para el mentoreo online en un contexto de "anormalidad"

Ahora bien, llegamos al punto práctico de este capítulo. En medio de las redes sociales y medios de comunicación que día a día crecen en *Internet*, debemos preguntarnos cómo podemos ayudar a la comunidad juvenil. Todos los que trabajamos en la pastoral juvenil sabemos que ellos "están allí", es decir en las redes sociales o nuevas formas de comunidades virtuales. El desafío es utilizar herramientas eficaces para poder llevar a cabo una consejería pastoral *online*. Hoy muchos terapeutas y consejeros profesionales están realizando sus consultas con los medios *online*. El mentoreo ingresa dentro de estas actividades de acompañamiento, y debemos saber sus ventajas y sus peligros.

A. ¿Qué tiene que ver la normalidad y la anormalidad con la Red?

La red es una versión combinada entre la normalidad y la anormalidad. Esto quiere decir que podemos...

- Encontrar a los jóvenes como los fariseos encontraron a la mujer adúltera: en el acto mismo, o etiquetados en fotos o videos comprometedores.

- Leer cosas de ellos que no sean "espirituales" o de tu agrado.

- Ser confidentes online, sin serlo personalmente.

- Enfrentarnos a situaciones que, quizás, nunca tratamos.

- Con nuestro abordaje, ser rompetechos o tirapiedras.

B. ¿Cómo accedo a la anormalidad de los jóvenes o cómo no ser un tirapiedras?

En el capítulo 3 desarrollamos cinco características de Jesús, que pueden darnos la llave de entrada, a lo que sucede detrás de las hojas de higueras del joven de hoy:

Jesús era un mentor con:

1. Credibilidad.

2. Confianza.

3. Compromiso.

4. Integridad.

5. Frescura espiritual.

Cuando encarno la propuesta de Dios, es posible trabajar con la prostituta, con el pecador, etc. En su actuar, Jesús demostró ciertas metodologías para hacerse cercanos a las personas. Por ejemplo, en Lucas 24 vemos a Jesús camino a Emaús junto a dos hombres, allí utiliza diferentes técnicas para el asesoramiento:

1. *Jesús estuvo donde estaba la gente:* en el camino, en las fiestas, en los banquetes, en el templo, en las comunidades. Las redes sociales son las comunidades virtuales del joven de hoy, esto nos habla de una soledad real. Ellos están caminando en las redes sociales.

2. *Jesús hizo preguntas:* realizó preguntas cerradas y abiertas.

3. *Jesús escuchó:* desde la red, tendremos que saber leer más allá de las palabras. Los signos, los *smiles*, los silencios, etc.

143

4. *Jesús aceptó a los aconsejados:* no podemos aceptar lo que no conocemos. No podemos amar a quien no perdonamos.

5. *Jesús confrontó:* esto significa una invitación a repensar la situación, o las conclusiones que se han sacado del problema. Jesús no se calló frente a los pensamientos falsos, sino que demostró el error por medio de la enseñanza amorosa.

6. *Jesús enseñó:* usó las Escrituras, como también la oración, como recursos espirituales para llevar adelante la enseñanza. No solo dio información.

7. *Jesús se arriesgó a involucrarse:* involucrarnos en la consejería online nos demandará tiempo y energías. Jesús se quedó a cenar con los hombres y aceptó ir más allá de una simple caminata.

C. ¿Cómo mentorear de forma online a los jóvenes anormales?

Los diferentes momentos de la mentoría online

Las redes sociales hoy nos abren las puertas para visualizar algo de las comunidades donde los jóvenes se desarrollan y viven el día a día. Esto no debería escandalizarnos, sino que nos debería llamar a la reflexión sobre porqué se muestran de diferentes maneras en diferentes ámbitos y como esto afecta su identidad.

En el proceso de mentoría online debemos tener en cuenta diferentes momentos o etapas:

1. Acceso y motivación: es primer contacto. Se chatea o habla sobre temas que tienen que ver con lo cotidiano. Aquí se busca la conexión (encontrar puntos de contactos). Preguntas frecuentes aquí son: ¿Cómo estás hoy? ¿Cómo amaneciste? ¿Cómo fue tu día en el colegio/universidad?)

2. Sociabilización en línea: se familiariza con el entorno cultural de joven (sus gustos, sus grupos, su familia, etc.) Es importante recorrer los espacios de información que dan las redes sociales (información personal, fotos, videos, eventos, enlaces, etc.).

3. Intercambio de información: aquí se comienza a profundizar en las temáticas personales. Ambos comparten cómo es su familia, qué cosas sueñan, a qué le dedican gran parte de su tiempo, etc. En este momento debería aparecer el tema de consulta o emergente, aunque puede no ser así.

4. Construcción de una apertura personal: en este momento es donde ya tenemos en claro cuál es el tema que nos une o cuál es la situación o problema que le interesa trabajar al joven. La escucha/lectura es esencial en este momento. Hay que prestar total atención a lo que se "dice".

5. Desarrollo: en este momento suministramos herramientas para trabajar su problemática, sin buscar la resolución. Las tareas son esenciales en este momento, como también la derivación si es un tema que sobrepasa nuestras capacidades.

D. Peligros en el asesoramiento online

En el momento que estamos asesorando a un joven debemos tener en cuenta los peligros que surgen en medio de esta tarea:

1. Exceso de confianza en la información suministrada por una de las partes involucradas (tomar partido, etc.).

2. Adelantarse a sacar conclusiones.

3. Poner un énfasis excesivo en la confrontación.

4. Involucrarse de forma desmedida.

5. Intimidad con el sexo complementario.

6. Fallas en la confidencialidad.

7. Desbalance en el tiempo de consejería.

E. Oportunidades en la mentoría online

- **Animar:** por medio de palabras de aliento, pasajes bíblicos, links de videos, etc.

- **Valorar:** comentando lo que hace y dándole valor a sus capacidades.

145

- **Aconsejar:** con herramientas como canciones, videos, frases, etc.

- **Atender:** cuando existe una necesidades emergente, puede ser la necesidad de orar o algo material, como también compañía.

- **Conocer:** por medio de todo lo que comparte en la red. Hoy tenemos las fichas de datos personales armadas gracias a las redes sociales.

- **Enseñar:** compartiendo experiencias, fotos, comentarios de libros, etc.

Podemos amar a nuestros jóvenes totalmente cuando los conocemos totalmente, sino estaremos amando una imagen creada para tapar lo auténtico.

Las comunidades virtuales pueden darnos herramientas para conocer más a nuestros adolescentes y jóvenes. Sin embargo, debemos capacitarnos para responder a sus necesidades.

10

CONCLUSIÓN

En un reciente estudio sobre *Comportamiento y creencias de la juventud*, **OneHope** [1] y otras agencias involucradas, recopilaron los siguientes datos sobre lo que piensan los jóvenes y adolescentes sobre sus adultos:

- *Los jóvenes no encuentran modelos positivos en los políticos, en los padres ni en los profesores.*

- *Al no encontrar modelos en los adultos, los jóvenes tienen bajas expectativas de cambio en la sociedad. Se sienten defraudados por los líderes a nivel general.*

- *Quieren líderes coherentes que practiquen lo que dicen.*

- *Buscan modelos de liderazgo que puedan imitar, que hablen de la vida cotidiana, que los desafíen y despierten.*

- *El joven no logra equilibrar entre sus prioridades: la familia, los amigos, la educación, la necesidades de tener éxito, y su preferencia de recreación y gratificación, y no tienen modelos que les den dirección y les muestren como vivir.*

- *Desean líderes dispuestos a prestarles atención y a escuchar sus preocupaciones, que estén empeñados en relacionarse con ellos.*

Evidentemente, el desafío que tenemos como mentores no es fácil. El acompañamiento espiritual, se centra en guiar al otro hacia el modelo de Jesús, no hacia uno mismo, como mentor. Por esto, no es un liderazgo demasiado popular. La relación es el centro de este tipo de liderazgo, donde mentor y mentoreado se unen en la aventura de crecer buscando ser como Jesucristo. Modelo de vida que Dios quiere que encarnemos.

149

---

1 - http://www.4shared.com/document/TkM58Plw/Reporte-Final-Investigacion-AC.html

Invertir en las personas es uno de los llamados más increíbles y fascinantes. Convertirse en mentor de adolescentes y jóvenes es realizar la función que muchos han desvalorizado y aún abandonado. Todos sabemos que las estadísticas nos dicen que el abandono, las rupturas familiares y los abusos intra-familiares son sistemáticos y casi una plaga. Esto ha despertado un hambre de referentes en los adolescentes y jóvenes de hoy como nunca antes en la historia de la humanidad. Es tiempo del mentoreo.

Me gustaría cerrar este pequeño libro, con una adaptación de un cuento tradicional oriental que nos permite aprender sobre el poder de ayudar y la reproducción de esa ayuda en otras personas:

El espejo

Cristian casi no vio a la señora, en el auto parado al costado de la carretera. Llovía fuerte y era de noche. Pero se dio cuenta que ella necesitaba de ayuda...

Así que, paró su auto y se acercó. El auto de la señora olía a tinta de tan nuevo. La señora pensó que pudiera ser un asaltante. Él no inspiraba confianza, parecía pobre y hambriento.

Cristian percibió que ella tenía mucho miedo y le dijo: "Estoy aquí para ayudarla señora, no se preocupe. ¿Por qué no espera en el auto que está más calentito? A propósito, mi nombre es Cristian".

Lo que sucedía es que su auto tenía una llanta pinchada y, además, era una señora de edad avanzada que no podía arreglárselas sola. Cristian se agachó, colocó el artefacto mecánico y levantó el auto. Luego ya estaba cambiando la llanta. Pero quedó un poco sucio y con una herida en una de las manos.

Cuando apretaba las tuercas de la rueda ella abrió la ventana y comenzó a conversar con él. Le contó que no era del lugar, que solo estaba de paso por allí y que no sabía como agradecer por su valiosa ayuda. Cristian apenas sonrió, mientras se levantaba.

Ella preguntó cuanto le debía. Ya había imaginado todas las cosas terribles que podrían haber pasado si Cristian no hubiese parado para socorrerla. Cristian no pensaba en dinero, le gustaba ayudar a las personas...

Este era su modo de vivir. Y respondió: "Si realmente quisiera pagarme, la próxima vez que encontrase a alguien que precise de ayuda, dele a esa persona la ayuda que ella necesite y acuérdese de mi"

Algunos kilómetros después, la señora se detuvo en un pequeño restaurante, la camarera vino hasta ella y le trajo una toalla limpia para que secase su mojado cabello y le dirigió una dulce sonrisa...

La señora notó que la camarera estaba con casi ocho meses de embarazo, pero la misma no dejó que la tensión y los dolores le cambiaran su actitud...

La señora estaba curiosa con saber cómo alguien que, teniendo tan poco, podía tratar tan bien a un extraño. Entonces se acordó de Cristian. Después que terminó su comida, y mientras la camarera buscaba cambio, la señora se retiró.

Cuando la camarera volvió, quiso saber donde estaba la señora, cuando notó algo escrito en la servilleta, sobre la cual tenía 5 billetes de $ 100.

Le cayeron las lágrimas de sus ojos cuando leyó lo que la señora escribió. Decía: "Tú no me debes nada, yo tengo bastante. Alguien me ayudó hoy y de la misma forma, te estoy ayudando. Si tú realmente quisieras reembolsarme este dinero, no dejes que este círculo de amor termine contigo, ayuda a alguien"

Aquella noche, cuando fue a casa, cansada se acostó en la cama, su marido ya estaba durmiendo. Ella se quedó pensando en el dinero, y en lo que la señora dejó escrito.

¿Como podía saber esa señora cuánto ella y el marido precisaban de aquel dinero? Con el bebé que estaba por nacer el próximo mes, todo estaba difícil.

Se quedó pensando en la bendición que había recibido, y sonrió. Agradeció a Dios y se volvió hacia su preocupado marido, que dormía a su lado. Le dio un beso suave y susurró:

- Todo estará bien, te amo... Cristian.

LA VIDA ES ASÍ... UN ESPEJO
TODO LO QUE TÚ DAS, VUELVE

Tu rol como líder modelo, como mentor y formador de adolescentes y jóvenes siempre será reproducido en otros y, con el correr de los años, podremos observar generaciones transformadas por el poder de nuestro Dios, que día a día, nos fortalece y nos desafía a invertir en la vida de otros, como él invierte en la nuestra. Por lo tanto, mis queridos mentores, *manténganse firmes e inconmovibles, progresando siempre en la obra del Señor, conscientes de que su trabajo en el Señor no es inútil (1 Corintios 15:58).*

GAD

11

CAJA DE HERRAMIENTAS PARA
EL MENTOR

1. ¿Cómo resolver un conflicto?

2. ¿Cómo comunicarme eficazmente?

3. ¿Cómo trabajar en equipo?

4. ¿Cómo y cuándo derivar?

¿Cómo resolver un conflicto?

Las relaciones y los conflictos

Las relaciones entre las personas no siempre son sencillas, por el contrario, a veces resultan realmente complicadas. Si observamos a nuestro alrededor, en el trabajo, en la iglesia, en la universidad, en alguna actividad deportiva, podremos notar cómo aparentemente ocurren cosas que producen enojos, diferencias, distancias y peleas. Incluso entre personas que se quieren mucho, como padres e hijos, amigos, novios. Cuando a las personas les suceden estas cosas, decimos que tienen un conflicto.

No podemos negar que los conflictos forman parte de nuestra vida. Están presentes en todas las relaciones y, a veces, resultan inevitables. La existencia de conflictos no es un problema, porque, sin ellos, no sería posible crecer, madurar ni mejorar nuestras relaciones. De hecho, no habría relaciones, ya que la ausencia de conflicto entre personas es una aspiración, más que una realidad. Alguna vez alguien dijo que *una relación sin tensión es una relación muerta.*

Un gran aporte para reflexionar sobre este tema es la particular mirada que tiene la cultura china sobre los conflictos. Ellos piensan que en todo conflicto hay dos aspectos: la crisis y la oportunidad, es decir, la posibilidad de producir cambios[1].

La mayoría de las personas suelen mirar los conflictos con un lente de color oscuro y, por lo tanto, lo que ven es sinónimo de algo negativo, de pelea, de violencia, de pérdida o de algo que debe evitarse. En realidad, los conflictos no son negativos o positivos, pero sí lo son las maneras cómo enfrentamos las

156

---

1 - El hexagrama que lo representa es el 6 o Sung.

situaciones conflictivas, las que pueden perjudicar o beneficiar nuestras relación con los demás. La tensión que se genera en los momentos conflictivos es parte de todas las relaciones humanas; pretender que no existan es negar la existencia de la relación misma.

¿Qué significa conflicto?

Leamos esta definición de conflicto:

> Lucha manifiesta entre, por lo menos, dos partes interdependientes que perciben objetivos incompatibles, recursos escasos e interferencia de una de las partes para alcanzar sus metas.

Kathy Domenici

Analicemos esta definición:

Lucha manifiesta: para que exista un conflicto, ambas partes deben reconocer que hay un desacuerdo.

Partes interdependientes: ya sea entre amigos, familias, empresas o países, generalmente en una situación de conflicto cada parte depende de la otra.

Objetivos incompatibles: en una situación de conflicto, suele ocurrir que cada una de las partes tiene la impresión de que habrá un ganador y un perdedor.

Interferencia: sucede cuando una de las partes obstaculiza la meta de la otra.

Recursos escasos: las personas muchas veces creen que su tiempo, energía, dinero y otros recursos son limitados. Cuando no hay cantidad suficiente de alguno de ellos, puede producirse un conflicto.

Cuando tenemos en claro esta definición y conocimientos claros de cada componente, podemos iniciar acciones que promuevan el manejo constructi-

157

vo del conflicto. Enfrentar los conflictos nos fortalece y nos ayuda a madurar porque aprendemos a abordar positivamente las situaciones difíciles que nos detienen y nos impiden progresar.

Modos de enfrentar un conflicto

Los conflictos se pueden enfrentar de distintas maneras. Todas las personas asumimos determinadas conductas frente a situaciones problemáticas, pero no siempre son las mismas. No hay una manera mejor y otra peor.

A veces, nuestras reacciones dependen de quiénes son las otras personas que intervienen en la cuestión; otras veces, dependen de la importancia del conflicto o del estado de ánimo en ese momento. En general, solemos actuar de manera similar en situaciones parecidas.

Existe una distinción entre cinco modos de enfrentar una situación problemática:

COMPETIR

Es la conducta de las personas que solo quieren salir ganadoras del conflicto (actitud agresiva).

Ejemplo: "Es como yo digo o no es de ningún modo"

Ventajas: siempre dices lo que tienes que decir y siempre tienes una posición clara y firme acerca del problema. Estás dispuesto a participar de la situación, hacerte cargo y correr riesgos.

Desventajas: tu sensibilidad hacia los sentimientos y posiciones de los demás puede dañar las relaciones con otras personas. En general, no tratas de buscar un punto de acuerdo o escuchar el punto de vista de los demás; entonces, el problema puede llegar a resolverse de manera violenta. Sientes que tú debes ser el ganador.

ACOMODARSE/COMPLACER

Es lo que hacen las personas cuando dejan ganar a otros (actitud pasiva).

Ejemplo: *"Cualquier cosa que me digas estará bien para mí".*

Ventajas: *podrás mantener la paz y el buen tono en las relaciones personales. Eres muy sensible hacia los sentimientos y necesidades de otras personas.*

Desventajas: *tus necesidades no son tenidas en cuenta, permanecen ocultas. Muy en lo profundo puedes sentirte enojado, resentido o disminuido.*

CONCILIAR/COMPROMETER

Ocurre cuando ambas partes ceden algo en un conflicto (actitud neutra).

Ejemplos: *"Tengo un trato para proponerte", "Parece que estás enojado conmigo. Bueno, si dejas de estarlo, te invito a cenar".*

Ventajas: *eres flexible y puedes encontrar puntos de acuerdo rápidamente que mantendrán a ambos contentos. Solucionas el conflicto, aunque más no sea temporalmente.*

Desventajas: *estás más preocupado en finalizar el conflicto rápidamente que de la manera más justa. La solución que encuentres puede ser temporaria o incluso injusta. No siempre exploras todas las opciones.*

EVITAR/ELUDIR

Cuando las personas deciden no hacer nada (actitud evitativa).

Ejemplos: *"Déjenme solo, ¡no es mi culpa!", "No quiero saber nada de este asunto".*

Ventajas: *nunca tendrás o intervendrás en ninguna pelea. Escaparse de la situación potencialmente peligrosa a veces puede ser buena idea.*

Desventajas: *puedes sentirte disminuido o incompetente. Además no puedes adquirir experiencia sobre las condiciones para resolver problemas. Las soluciones que puedas encontrar para tus problemas, si te animas a reconocer alguno, pueden ser temporales o injustas.*

COLABORAR/NEGOCIAR

Es la conducta de las personas que eligen alcanzar una mejor solución para todas las partes (actitud colaborativa).

Ejemplo: *"Resolvámoslo juntos".*

Ventaja: *las soluciones que encuentras son generalmente justas y duraderas. Te presentas como una persona digna de confianza y las relaciones con los demás se fortalecen. Eres capaz de proteger la dignidad de todos los involucrados en el problema y de cuidar sus sentimientos.*

Desventajas: *nadie nunca dijo que esta posición sea fácil. Lleva tiempo, astucia, habilidad, compromiso y coraje.*

161

GUÍA PARA EL ANÁLISIS[1]

¿Cómo podemos analizar el conflicto para poder verlo en contexto, entenderlo, comprenderlo en profundidad y tener claridad?

1. **Considera el origen del conflicto:**
    a. ¿Quiénes son las partes en conflicto? ¿Cómo se las puede caracterizar?
    b. ¿A quién se involucra en el conflicto?
        -   Una persona (intrapersonal).
        -   A dos o más individuos (interpersonal).
        -   A un grupo (intragrupal).
        -   A dos o más grupos (intergrupal).
2. **Examina las fuentes del conflicto:**
    a. ¿Cuál es el motivo del conflicto? En general, ¿cómo se lo puede describir?
    b. ¿Cuáles son algunos elementos básicos que dan origen al conflicto?

1 - Extraído de Resolución de conflictos, Serie Ser Humano, Editorial Troquel

3. Analiza el tipo de conflicto:

a. El conflicto, ¿se basa en una percepción equivocada o en un malentendido?

b. El conflicto, ¿depende de condiciones que se pueden modificar fácilmente?

c. El conflicto, ¿se expresa entre las partes?

d. El problema expresado, ¿es realmente el conflicto central?

e. El verdadero conflicto, ¿está latente? ¿aún no se manifestó?

4. Analiza las creencias de las partes sobre la resolución:

a. ¿Qué creen las partes que puede suceder?
   - Todos ganan o todos pierden.
   - Un bando gana y el otro pierde.
   - Todos deben ceder algo.
   - Etc.

5. Analiza las creencias de las partes sobre la resolución:

a. ¿Qué tratan de satisfacer las partes en conflicto?

b. ¿Cómo se puede caracterizar lo que dicen que quieren?

c. Las partes ¿asumen posiciones?

d. Las partes ¿identifican sus intereses?

e. Las partes ¿reconocen sus necesidades?

f. Para las partes involucradas ¿qué contribuye a lograr una resolución satisfactoria?
   - Dar respuestas a las necesidades subyacentes.
   - Contemplar los intereses de todos.
   - Distinguir las posiciones de los intereses.
   - Focalizar en los intereses y no en las posiciones.
   - Resolver entre todos los intereses en conflicto.
   - Reconocer las diferencias culturales.

¿Cómo comunicarme eficazmente?

Objetivos:

- Llegar a una definición de *comunicación* y sus axiomas.
- Reconocer el nivel de comunicación interpersonal.

Obtener herramientas para activar la comunicación con el otro.

Introducción:

El lenguaje no solo está cargado de información, sino que en el nivel de comunicación uno puede observar el nivel de relación entre los hablantes. Cuanto mejor sea mi comunicación con el otro, más posibilidades tengo que nuestra relación crezca.

Desarrollo:

1. ¿Cómo podemos definir comunicación?

Los diccionarios y enciclopedias definen comunicación a la acción de *transmitir información de un sujeto a otro.*

Sin embargo, esta definición, aparentemente simplista, se completa con algunas características o verdades evidentes[1] que han sido agregadas por los teóricos de la comunicación. Si queremos entender qué es la comunicación no debemos olvidar estos axiomas:

a. Es imposible no comunicarse.

Nuestras actitudes, la forma en que nos expresamos (tono de voz, expresión, etc.), el estilo de transmisión

---

1- Marcelo R. Ceberio, La buena comunicación. Las posibilidades de la interacción humana, PAIDÓS. Barcelona, 2006.

(directivo, comprensivo, etc.) y hasta nuestros silencios comunican. El ser humano no puede dejar de comunicar y de comunicarse. Su cuerpo ha sido diseñado para esta acción continua. Esto lo podemos hacer de forma consciente, pero también inconsciente.

b. Toda comunicación tiene un contenido y muestra un nivel de relación.

Por medio de la comunicación que mantenemos con el otro evidenciamos nuestro nivel de relación. Existen cuatro tipos de respuestas posibles que nos muestran la relación entre los hablantes:

- **Rechazo:** implica la no aceptación de la comunicación de forma explícita. Esto bloquea la tentativa de relacionarse. Por ejemplo: "No quiero hablar".

- **Aceptación**: al contrario de la anterior, aquí la comunicación es aceptada y esto permite que el nivel de relación suba. Confirma la relación. Por ejemplo: "Dale, hablemos".

- **Descalificación:** se desvaloriza e inválida lo que el otro comunica y se corta la posibilidad de llegar a un nivel mayor en la relación. No tan solo se descalifica la información, sino también a la persona que la transmite. Por ejemplo: "Lo que dices es estúpido, por lo tanto eres un estúpido".

- **Desconfirmación:** en este caso el interlocutor no existe. No hay expresión. El otro aparece como invisible o transparente. Por ejemplo: No dirigirle la palabra e ignorar al otro.

c. La relación depende de la forma en que se interpreta lo que el otro dice de forma verbal y no verbal.

Existen dos formas de comunicar:

- **Comunicación verbal:** se realiza por medio de la oralidad o la escritura. Implica el uso de un código (lengua o idioma) común entre los hablantes para que sea posible la codificación y la decodificación del mensaje. Es uno de los condicionantes más importantes de la comunicación, sin un código en común no es posible el intercambio de contenidos y la relación no progresará a un mayor nivel que el superficial.

Pregunta de reflexión:

¿Comprendo el código del otro? ¿He tratado de conocer su lenguaje?

- **Comunicación no verbal:** se realiza por medio de todo aquello que no implique el lenguaje sino símbolos, gestos, posturas y tono de voz. La comunicación no verbal o paralingüística es esencial para la comunicación eficaz ya que aproximadamente el 70% de nuestro intercambio se desarrolla desde lo no verbal.

Pregunta de reflexión:

¿Comprendo el código gestual del otro? ¿He tratado de interpretar su   lenguaje corporal?

d. Como me comunico con el otro, marcará igualdad o desigualdad en nuestra relación.

El modo de comunicarme con el otro marcará el tipo de relación que tenemos:

- **Igualdad**: cuando existe igualdad en la relación se valora lo que el otro dice, expresa (no verbal) y piensa. Cuando existe igualdad es posible que el intercambio y la decodificación se den sanamente.
- **Desigualdad**: cuando existe una relación desigual se tiende a desvalorizar lo que el otro dice, expresa y piensa. Cuando existe desigualdad es posible que la transmisión de información sea directiva y jerárquica. En cualquier relación, este tipo de comunicación suele provocar conflictos graves.

Preguntas de reflexión:

La forma en que me comunico con el otro, ¿expresa una igualdad o desigualdad? ¿Existe momentos en que soy un/a déspota en la forma de comunicarme?

2. ¿Qué nivel de comunicación alcanzo en mi relación?[2]

Existen diferentes niveles de comunicación en cada relación. Estos niveles son un termómetro de la clase de relación establecida. Como vimos en los axiomas anteriores nuestra comunicación no sólo transmite contenido, sino que nos marca el nivel de relación de los hablantes.

---

2 - Citado en Jack y Carole Mayhall, Marriage Takes More than, Colorado Springs: NavPress, 1978, 88.

Niveles de comunicación:

I. Nivel de la frases hechas

"¿Cómo está?"

"¿Cómo le va?"

Es un nivel superficial de comunicación. Se dan en encuentros ocasionales y tiene un carácter puramente casual. No se busca información ni explicación de cómo está la persona sino que solo se espera una respuesta estereotipada del tipo: "Todo bien". Cuando la respuesta es ampliada y se desarrolla el interlocutor se *desorienta*.

Este nivel se da con personas que no tenemos una relación profunda, o en relaciones deterioradas.

II. Nivel de presentar los hechos

167

"Hace frío."
"Hay que cambiar el aceite del auto."
"La reunión es a las 10."

En este nivel se presenta información objetiva. En este nivel se presentan los hechos sin ninguna clase de interpretación, opinión o reacción emocional.

Una relación personal de cualquier tipo, se comunican a este nivel. Pero, para que sea saludable, se debe llegar a un nivel más profundo. Cuando existe conflicto, generalmente, los involucrados se *mantienen en este nivel o en el anterior.*

III. Nivel de opiniones y convicciones

"Creo que..."
"Pienso que..."
"Me da la impresión que..."

En este nivel transmitimos lo que pensamos, pero también porqué lo pensamos. Estas opiniones o convicciones reflejan nuestras creencias, lealtades y compromisos personales.

En este nivel de comunicación suelen aparecer los conflictos. Cuando las personas comienzan a compartir opiniones y convicciones, comienza a aparecer los desacuerdos que pueden desencadenar en una discusión. Esta situación no es necesariamente mala, si hay respeto por el otro y se resuelven las diferencias con amor.

IV. Nivel de sentimientos

"¿Cómo te sientes?"

Este nivel también llamado *"zona de peligro"*, implica que los hablantes se expongan a ser vulnerables. Para que este nivel sea posible se debe dar un espacio de respeto y libertad para la expresión de los sentimientos.

Al llegar a este nivel se puede afirmar que la relación tiene un gran nivel de comunicación. Por lo tanto, se deberán cuidar los logros obtenidos, respetando y cuidando la información transmitida por el otro. Divulgarla llevaría a la relación a un plano de conflicto.

V. Nivel de comunicación de las necesidades

"Tengo la necesidad de..."

Este es el nivel más profundo al que puede llegar una relación. Cuando se expresan las necesidades, lo hacemos con el fin de que sean satisfechas, o por lo menos, entendidas.

Desde la infancia comunicamos nuestras necesidades y a medida que crecemos, comunicamos nuestras necesidades de diferentes formas. Como adultos, debemos tener la capacidad de dar a conocer nuestras necesidades con sabiduría y sin chocar con el otro. Generalmente, manifestamos las necesidades en momentos de tensión.

Para lograr relaciones sanas, debemos aprender a comunicarnos con tacto pero de una manera directa. Debemos aprender a manifestar nuestras necesidades afectivas, la necesidad de conversar, de recibir aliento, etc.

169

3. ¿Cómo activar la comunicación con el otro?

I. Entender que nos estamos comunicando con una persona diferente a mí.

Además de las diferencias entre hombres y mujeres, debemos sumarle las diferencias entre las formas de pensar, expresarse y razonar del otro en cualquier relación. Siempre es importante repetir lo que uno ha entendido y decodificado cuando otro le habla.

Dos recomendaciones en la comunicación interpersonal son:

-Escuchar con atención:

Escuchar es un arte que involucra todo nuestro cuerpo y nuestros pensamientos en lo que el otro dice con sus palabras y sus gestos.

La Real Academia de la Lengua Española dice que escuchar es prestar atención a lo que se oye... pero el símbolo chino es muchísimo más explicativo ya que dentro del proceso de oír (ear) le añade los ojos (eyes), el corazón (heart), una atención indivisible (undivided attention) y uno mismo (you). Todo ello incluido en el acto de escuchar algo o a alguien.

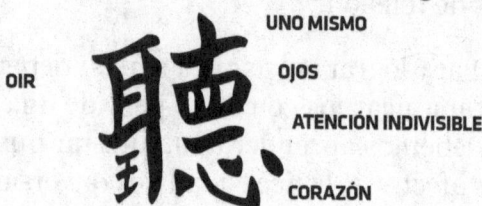

UNO MISMO

OJOS

OIR 聽 ATENCIÓN INDIVISIBLE

CORAZÓN

-Hablar con precisión:

Es importante que el otro comprenda claramente lo que digo. Los malos entendidos comienzan cuando no somos claros.

II. Amar verbalmente y visualmente.

Hemos sido creados como seres receptivos ante las palabras y actos de amor. Estas palabras y actos, le darán a nuestras relaciones una base adecuada para un nuevo nivel de comunicación.

No hay nada que cree un campo más propicio para una excelente comunicación interpersonal, que decidir ser una persona cercana a los demás, aún cuando hayamos sido rechazados en otras circunstancias.

El puente

Esta es la historia de un par de hermanos que vivieron juntos y en armonía por muchos años. Ellos vivían en granjas separada, pero un día cayeron en un conflicto, este fue el primer problema serio que tenían en 40 años de cultivar juntos, hombro a hombro, compartiendo maquinaría e intercambiando cosechas y bienes en forma continua. Comenzó con un pequeño malentendido y fue creciendo hasta que explotó en un intercambio de palabras amargas seguido de semanas de silencio.

Una mañana alguien llamó a la puerta de Luis. Al abrir la puerta, encontró a un hombre con herramientas de carpintero. "Estoy buscando trabajo por unos días", dijo el extraño, "quizás usted requiera algunas pequeñas reparaciones aquí en su granja y yo pueda ser de ayuda en eso". -"Sí", dijo el mayor de los hermanos, tengo un trabajo para usted. Mire al otro lado del arroyo, en aquella granja vive mi vecino, bueno, de hecho es mi hermano menor. La semana pasada había una hermosa pradera entre nosotros, pero él desvío el cauce del arroyo para que quedara entre nosotros. Él pudo haber hecho esto para enfurecerme, pero le voy a hacer una mejor. ¿Ve usted aquella pila de desechos de madera junto al granero? Quiero que construya una cerca de dos metros de alto, no quiero verlo nunca más." El carpintero le dijo: "creo que comprendo la situación".

El hermano mayor le ayudó al carpintero a reunir todos los materiales y dejó la granja por el resto del día para ir por provisiones al pueblo. Cerca del ocaso, cuando el granjero regresó, el carpintero justo había terminado su trabajo. El granjero quedó con los ojos completamente abiertos, su boca cayó.

No había ninguna cerca de dos metros. En su lugar había un puente que unía las dos granjas a través del arroyo.

Era una fina pieza de arte, con todo y pasamanos. En ese momento, su vecino, su hermano menor, vino desde su granja y abrazando a su hermano mayor le dijo: - "Eres un gran tipo, mira que construir este hermoso puente después de lo que he hecho y dicho". Estaban en su reconciliación los dos hermanos, cuando vieron que el carpintero tomaba sus herramientas. -"No, espera". "Quédate unos cuantos días tengo muchos proyectos para ti", le dijo el hermano mayor al carpintero. "Me gustaría quedarme", dijo el carpintero, "pero tengo muchos puentes por construir"

172

Muchas veces dejamos que los malentendidos o enojos nos alejen de la gente que queremos, muchas veces permitimos que el orgullo se anteponga a los sentimientos.

Ser constructores de puentes significa intentar establecer un nivel de comunicación mayor que nos permita establecer relaciones sanas y profundas.

¿Cómo trabajar en equipo?

Una de las grandes tragedias que podemos observar en muchas instituciones es el fenómeno del héroe solitario. Se define así al sujeto que tiene ansias de poder ilimitado y una autoestima deteriorada. Una de las características principales de esta clase de sujetos es que buscan realizarse por medio de lo que hacen, por medio de que otros hagan lo que él/ella digan o por medio del abuso del poder.

Como fruto de su ejercicio, las instituciones, donde este sujeto reside, se ven afectadas por la falta de continuidad de proyectos y generalmente, toda iniciativa comienza y termina con él/ella.

En oposición a este modelo, existe la sinergia[3]. El apóstol Pablo constantemente desafía a la iglesia como comunidad a que no forme héroes solitarios sino que desarrolle una iniciativa diferente, donde todos y cada uno, sumen para el beneficio de todos.

Nuestros equipos, ya sean en la pastoral juvenil como en cualquier otro ámbito, no deben ser un cultivo de héroes solitarios, sino un grupo de personas que rinden cuentas unos a otros y tienen confianza mutua.

Dejemos ahora que Pablo nos diga qué cosas debemos tener presentes para ser realmente un equipo con sinergia y no una incubadora de héroes solitarios:

1. Generemos impulso confiando unos en otros.

Pablo confiaba en sus compañeros de equipo y esto lo animaba, lo impulsaba a más:

---

3 - La palabra sinergia proviene del griego y su traducción literal sería la de cooperación; no obstante (según la Real Academia Española) se refiere a la acción de dos (o más) causas cuyo efecto es superior a la suma de los efectos individuales.

2 Corintios 7:4 (ver contexto)

Les tengo mucha confianza y me siento muy orgulloso de ustedes. *Estoy muy animado; en medio de todas nuestras aflicciones se desborda mi alegría.*

2. Disposición a dar y recibir ayuda.
Pablo entendía la ayuda mutua como un elemento importante en la relación de aquellos que tenían una misma misión:

Gálatas 6:2

Ayúdense *unos a otros a llevar sus cargas, y así cumplirán la ley de Cristo.*

3. Respetar y proteger el talento individual para potenciar los recursos del grupo.
Pablo hallaba indispensable el empoderamiento[4] (empower)[5] de cada miembro de la comunidad:

Romanos 12:9-16

El amor debe ser sincero. Aborrezcan el mal; aférrense al bien. Ámense los unos a los otros con amor fraternal, **respetándose y honrándose mutuamente.** *Nunca dejen de ser diligentes; antes bien, sirvan al Señor con el fervor que da el Espíritu. Alégrense en la esperanza, muestren paciencia en el sufrimiento, perseveren en la oración. Ayuden a los hermanos necesitados. Practiquen*

174

23- El empoderamiento es un proceso multidimensional de carácter social en donde el liderazgo, la comunicación y los grupos autodirigidos reemplazan la estructura piramidal mecanicista por una estructura más horizontal en donde la participación de todos y cada uno de los individuos dentro de un sistema forman parte activa del control del mismo con el fin de fomentar la riqueza y el potencial del capital humano que posteriormente se verá reflejado no solo en el individuo sino también en la comunidad en la cual se desempeña (Blanchard, Carlos & Randolph 1997).

24 - Algunos definen esta palabra como tomar un rol o participación activa (Empoderar existió en castellano clásico y se ha reintroducido en la lengua actual como calco del inglés empower)

la hospitalidad. Bendigan a quienes los persigan; bendigan y no maldigan. Alégrense con los que están alegres; lloren con los que lloran. Vivan en armonía los unos con los otros. No sean arrogantes, sino háganse solidarios con los humildes. No se crean los únicos que saben.

4. Motivar por medio de la comunicación.

Pablo sabía motivar con sus palabras y muchas de sus cartas expresan ánimo para sus colaboradores:

Colosenses 2:1-2

*Quiero que sepan qué gran lucha sostengo por el bien de ustedes y de los que están en Laodicea, y de tantos que no me conocen personalmente. Quiero que lo sepan para que **cobren ánimo**, permanezcan unidos por amor, y tengan toda la riqueza que proviene de la convicción y del entendimiento. Así conocerán el misterio de Dios, es decir, a Cristo.*

175

5. Permanecer juntos en tiempos buenos y malos.

Pablo sabía que el progreso de la misión dependía de la unidad. Valoraba lo colectivo (la comunidad iglesia) sobre lo individual (lo que a él le pasara).

Filipenses 1:27

*Pase lo que pase, compórtense de una manera digna del evangelio de Cristo. De este modo, ya sea que vaya a verlos o que, estando ausente, sólo tenga noticias de ustedes, sabré que siguen firmes en un mismo propósito, luchando **unánimes** por la fe del evangelio.*

Conclusiones para el ministerio pastoral

- *No es el trabajo en equipo el que provoca la sinergia, sino que ésta da origen al equipo. Sin sinergia no hay equipo sino solo una ilusión.*
- *La sinergia es un proceso, no se da de la noche a la mañana. Debemos cultivarla.*
- *Sinergizar es aprender a pensar en plural y es cooperar para que todos se beneficien.*
- *Pocos son los modelos de ministerios sinérgicos y esto se debe a una búsqueda de realización personal y no comunitaria.*

¿Cómo y cuándo derivar?[6]

La derivación no significa "pasar el problema" a otro profesional. Requiere de una adecuada dedicación y seguimiento de la persona que vino a consultar al mentor.

¿Cuándo derivar o referir?

- Siempre que nos encontremos con una patología grave en una persona o en el seno de una familia. Por grave entendemos que pueda ser dañina tanto para el sujeto que lo sufre como para los que conviven y se relacionan con él.

- Siempre que el grado de desestructuración interna del sujeto, provoque dinámicas de interacciones enajenantes o dolorosas para los miembros de la familia que la componen, como en el caso de las adicciones.

- Siempre que la solución al problema tenga mayor posibilidad de solución, con la intervención directa del especialista.

María Elena Mamarian[7] señala algunos indicios que revelan la necesidad de una derivación:

- Pérdida de lógica y coherencia en el discurso.

- Visiones y llamados mesiánicos, religiosos, etc.

- Ideas de ser objeto de persecución, ataques o daños.

- Ideas de muerte (abiertas o encubiertas).

- Ideas fijas, no reductibles.

177

---

6 - Material suministrado en la Cátedra de Aconsejamiento Pastoral en el Seminario Internacional Teológico Bautista a cargo del Lic. Jorge Galli.
7 - Psicóloga, autora y colaboradora en Eirene Argentina (www.eireneargentina.com.ar).

- Cambios de caracteres bruscos y agudos.

- Retraimiento social severo y pérdida de interés por las tareas habituales.

- Disminución franca del apetito (pérdida de peso) y trastornos del sueño (hipersomnia o insomnio).

- Ideas obsesivas (de contaminación, de agresión, etc.).

- Actos compulsivos (lavado de manos, verificación, etc.).

- Depresión intensa y persistente luego de una pérdida o stress intenso.

- Conductas impulsivas (juego, droga, alcohol, sexo).

- Trastornos de alimentación.

- Intensa culpa y/o angustia.

- Problemas sexuales serios.

- Situaciones "raras" que no podemos definir.

- Trastorno de ansiedad severo (alteración de las funciones físicas y mentales).

- Violencia familiar.

- Trastornos de alimentación (bulimia, anorexia).

- Cuando el problema excede las posibilidades del asesor (por tiempo, por edad, por experiencia o temática).

- Por limitación emocional del propio asesor (porque toca su propia problemática, le produce angustia, intensa reacción emocional negativa hacia el consultante).

¿Cómo derivar?

- Garantizando una derivación adecuada. Para lo que tendremos que informarnos correctamente de: qué profesional es el más indicado, qué requisitos son necesarios para acceder a él, particularidades de su modo de intervención, valores.

- Una vez seleccionado el profesional, informaríamos a la familia lo más detalladamente posible de todo lo concerniente a dicho profesional y al proceso a seguir, y la motivaríamos a iniciar la consulta.

- Por último, antes de derivar, habría que comprobar que la persona ha entendido todo bien, tiene intenciones de iniciar y terminar el tratamiento, y que en caso de necesidad siempre pueden acudir al mentor.

179

¿Y después?

No hay que olvidar hacer un seguimiento de la evolución del proceso, ya sea por entrevistas concertadas u otros medios.

¿Qué otros profesionales pueden ocuparse de problemas que exceden el rol de mentor?

El mentor no intenta competir ni reemplazar a los profesionales de la salud emocional de las personas y de los vínculos interpersonales. Otros profesionales que trabajan con personas que tienen problemas emocionales o de relación son:

- **Desde las ciencias de la psicoterapia**

  ➢ Psicólogos: trabajan con patologías estructurales: neurosis, psicosis, perversiones y adicciones.

  ➢ Psiquiatras: además de las patologías ya señaladas, se ocupan de disfunciones psiquiátricas y tienen la capacidad de prescribir medicación.

  ➢ Médicos: Trabaja con las disfuncionalidades orgánicas.

- **Desde las ciencias sociales:**

  ➢ Psicólogo Social, Trabajador Social, *Couseling*, Técnicos en Minoridad.

- **Desde las Ciencias del Derecho**

  ➢ Abogados, Jueces, Consejo del Menor y la Familia, etc.

Derivar es un acto de madurez y de compromiso que el mentor debe asumir para el desarrollo y sanidad integral de sus mentoreados.

180

NOTAS

NOTAS

NOTAS

LÍDERES | MODELOS
GABRIEL SALCEDO

NOTAS

EL ROCKERO Y LA MODELO

GIOVANNY OLAYA Y VANESSA GARZÓN

SOLO PARA ELLAS

Cuán lejos
es demasiado lejos
y otros de "esos" temas

TODO lo que siempre
quisiste saber y no te
atreviste a preguntar

BELLEZA
Las mejores ideas

BUSCANDO
el verdadero amor

Editora General Kristy Motta

Aline Barros ★ Ruth Mixer ★ Gloriana Montero ★ Valeria Leys
Ingrid Rosario ★ Rocío Corson ★ Karen Lacota ★ Miriam Bloise
Gloria Vázquez ★ Gimena Sánchez Arnau ★ Raquel López

Editorial Vida

SOLO PARA ELLAS

EDITORA GENERAL: KRISTY MOTTA

CUANDO UNA GENERACIÓN TE ADORA

ROJO

EL MINISTERIO JUVENIL EFECTIVO

LUCAS LEYS

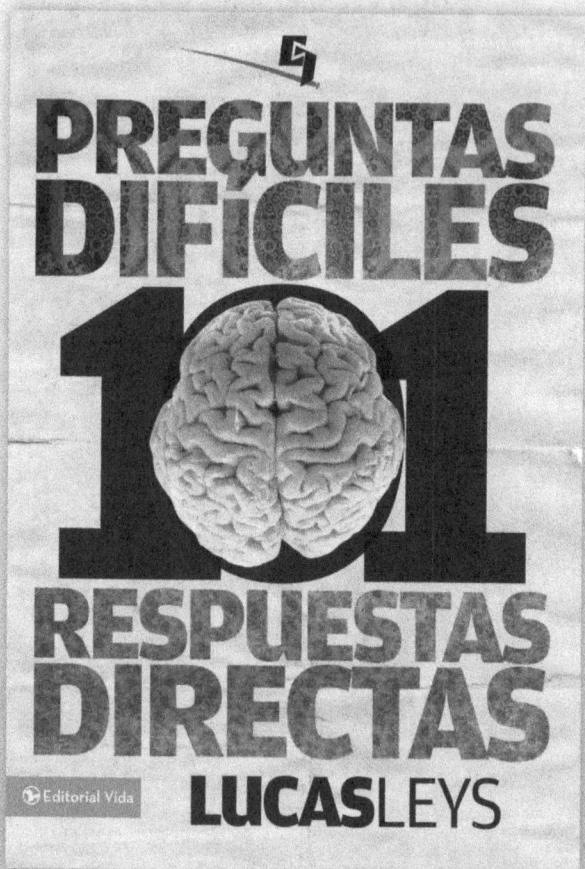

101 PREGUNTAS DIFICILES, 101 RESPUESTAS DIRECTAS

LUCAS LEYS

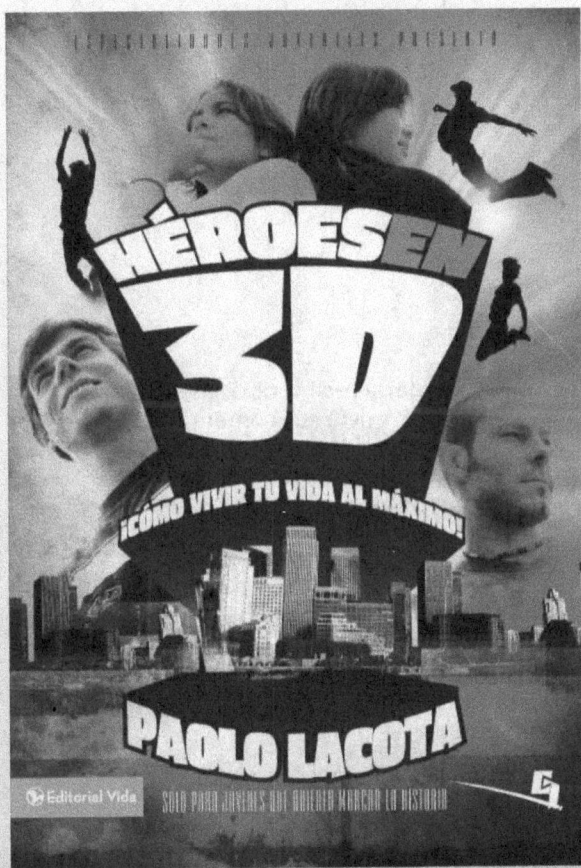

HEROES EN 3D

PAOLO LACOTA

Nos agradaría recibir noticias suyas.
Por favor, envíe sus comentarios
sobre este libro a la dirección
que aparece a continuación.
Muchas gracias.

Editorial Vida®
.com

vida@zondervan.com
www.editorialvida.com